Herausgeberin: Stiftung Christliche Werte Leben

www.christlichewerteleben.de

Dieses Buch wird finanziell realisiert durch die „Stiftung Christliche Werte Leben". Wir sind eine überkonfessionelle christliche Stiftung, der es um die Bedeutung christlicher Werte in unserer Zeit geht.

Menschen haben mehr denn je Sehnsucht nach einem gelingenden Leben. An dieser Stelle gilt es, Menschen abzuholen. Mit Geschichten, Berichten und Vorbildern, die ihnen Mut machen, ihren eigenen Weg zu gehen, Widerstand zu wagen, etwas zu riskieren für andere Menschen und für ihre konkreten sozialen Utopien. In all dem, was ihnen täglich medial aufgetischt wird, voller Zweifel „die Wahrheit" zu suchen.

Die christlich-abendländische Kultur hat ausreichend Antworten für die Menschen. Wichtigster Wert und Leitlinie dabei ist die Liebe, in der das Bedürfnis steckt nach Annahme, Respekt, nach würdevollem Umgang miteinander sowie dem Willen zur Verständigung und Versöhnung.

Ein verständnisvolles Herangehen an andere Lebens- und Denkweisen setzt ein Bewusstsein von den eigenen Wertvorstellungen voraus. Wer weiß, was ihm/ihr warum „wert" ist, wird eher verstehen, dass anderen anderes wert ist. Wo man zurückstehen kann/muss, und wo man es vom anderen verlangen darf/muss.

Wir müssen vor dem Hintergrund der heutigen Krisen fragen, auf welcher Grundlage die Zukunft gesichert und unsere kulturelle Identität erhalten werden kann. Wo Staat und Politik keine gemeinsame Identität stiftenden Instrumente für die Menschen säkularer Mentalität und Lebensführung mehr haben, schafft dieses Vakuum neue Wirkungs- und Überzeugungspotenziale für unsere christlichen Werte.

Machen Sie mit! Wir freuen uns auf Sie. *www.christlichewerteleben.de*

Klaus-Dieter Müller

Die AfD würde Deutschland ruinieren

Was die AfD fordert – und welche Folgen es hätte

Lutherische Verlagsgesellschaft

Der Autor

1951 in Schleswig-Holstein geboren, lebt und arbeitet in Berlin.
Medien- und Politikwissenschaftler, Dr. phil.
Professor für Medienpolitik und Entrepreneurship an der Filmuniversität Babelsberg, Direktor des IBF-Instituts Berufs- und Innovationsforschung e.V. (2004-2019).
Gründungspräsident der Berlin School of Sustainable Futures, University of Applied Sciences.
Medienunternehmer, Autor, Kunstmaler, 9 Jahre Abgeordneter im Landtag von Schleswig-Holstein, Coach und Senior-Consultant.

Bereits erschienen: **Die Christen und der Populismus – Christliche Werte und die digitalen Medien**

Wenn Staat und Politik keine identitätsstiftenden Instrumente für die Menschen mit säkularer Mentalität und Lebensführung mehr haben, entsteht ein Vakuum, das neue Wirkungs- und Überzeugungspotenziale für unsere christliche Werteordnung schafft. Aber die Kirchen bleiben wirkungslos. Stattdessen bedroht der Populismus unsere Freiheit. Wie erreichen wir die Menschen in der digitalen Wirklichkeit mit christlichen Werten?

ISBN 978-3-87503-321-2

FSC-zertifiziertes Papier aus verantwortungsvollen Quellen

Cover: Evangelischer Presseverband Norddeutschland GmbH

Coverfoto: Felix Mittermeier/Pixabay

Inhalt

1. Vorwort

Die AfD ist in aller Munde, seit sie laut Umfragen zu bevorstehenden Landtagswahlen und zur Europawahl mehr als 20 % der Wählerstimmen bekommen könnte. Das glaube ich zwar nicht, weil es einen Unterschied macht, ob ich mich in einer Befragung äußere oder mein Kreuz in der Wahlkabine mache. Und sicher sind keine 20 % unserer Bevölkerung Neonazis. Der vermeintliche Rechtsruck in unserer Gesellschaft, in allen Gesellschaften Europas, hat mit Unzufriedenheit, auch Wut zu tun.

In unserer Gesellschaft löst sich alles auf – die politischen Blöcke, die weltumspannenden Ideologien, die Nation als politischer Handlungsraum, der Begriff des Volkes im ethnischen Sinn, die Bindungswirkung der politischen Parteien, die Familienstrukturen, schließlich die sexuellen Identitäten. Die Angst vor Entgrenzung steigt. Die Globalisierung wird misstrauisch verfolgt. Die Sehnsucht nach Begrenzung, nach Grenzen, nach territorialer und normativer Übersichtlichkeit ergreift die politische Mitte.

Gewissheiten gehen verloren, die Globalisierung hat unberechenbare Folgen für Wirtschaft und Gesellschaft. Auf diesem Nährboden der Angst machenden Veränderungen lebt der Populismus wieder auf. Er gaukelt uns vor, es bedürfe angesichts gesellschaftlicher und existenzieller Unsicherheiten ebensolcher Sicherheiten, und es gebe einfache Lösungen, um sie zu erhalten. Es handelt sich um eine Art rückwärtsgewandter Sicherheitsversprechen, die den Populismus befeuern.

Der hierauf gründende Erfolg populistischer Politik fällt auf fatale Weise zusammen mit der linken Hinwendung zu Identitätspolitik und Moralthemen und der Vernachlässigung der sozialen Frage. Damit ist das Spannungsfeld umrissen, nämlich eine Gemengelage aus wirtschaftlichen Verlustängsten einerseits sowie auf die Identität bezogener Verlustängste andererseits. Die Profiteure dieses wirtschaftlichen und kulturellen Liberalismus haben natürlich einen völlig anderen Blick auf die Problematik, die auf komplexe Weise überwölbt wird vom Migrationsdruck auf Europa.

Die Gesellschaft droht sich in Rechte und Linke, Heimatverbundene und Weltoffene, Bürger und Eliten zu spalten, wobei keine Gruppe mehr für die jeweils andere Verständnis hat. Die Gesellschaft hat eine große Unsicherheit ergriffen, eine gereizte Stimmung, die im Zusammenhang mit einer langfristig wirksamen Tendenz gesellschaftlicher Atomisierung zu sehen ist. Es handelt sich um eine Entfremdungskrise und nicht um einen Klassenkonflikt. Das Gefühl, dass alles zufällig und beliebig ist, das Schicksal mithin wahllos und blind, macht die Menschen zu ohnmächtigen Zuschauern eines Dramas, die ihr Los nicht mehr in der Hand haben. Die Verunsicherung mündet in gereizte Stimmung, in Misstrauen gegen Schwulenhochzeiten, Minarette, Kopftücher und geschlechtergerechte Sprache.

Es besteht in der Debatte um das Phänomen des Populismus Einigkeit darin, dass Populismus ein Ausdruck großer Unzufriedenheit ist.

„Man muss den Menschen unsere Politik besser erklären", tönen die Parteivorsitzenden in Talkshows nach einer erneut verlorenen Wahl, aber dieses Erklären erreicht Menschen nicht, die sich tief verletzt fühlen und sich mit komplexen Sachverhalten nicht beschäftigen wollen, weil diese ihnen Angst machen.

Es gelingt den politischen Akteuren nicht, „Kopf" und „Bauch" miteinander zu vermitteln. Die Komplexität der politischen Verhältnisse verlangt eine rationale, vom Kopf gesteuerte, verantwortliche Politik. Vorherrschend in unserer Gesellschaft sind jedoch Gefühle und Ängste.

Ich bin überzeugt, dass diese Entwicklung auch mit dem Phänomen zu tun hat, dass sich Politik einer übermächtigen Verwaltung (der Bürokratie) anpasst und nur noch tagespolitisch auf jeweils aktuelle Probleme reagiert. In der Wirtschaftssoziologie nennt man diese Anpassung Inkrementalismus, ein Vorgehen bei Entscheidungen, „das auf grundlegende Veränderungen verzichtet und stattdessen einen geringen, leicht kontrollierbaren Wandel anstrebt, als dessen Maßstab der bestehende Zustand genommen wird". So kann man eine Weile pragmatisch „Kompetenz" vermitteln, aber die ökonomische Wirklichkeit hat schon oft bewiesen: Tue nicht zu lange das vermeintlich Richtige, du verlierst die großen Veränderungen aus dem Auge und dadurch schnell den Anschluss. Vor allem in Zeiten revolutionärer Entwicklungen – Stichworte Globalisierung und Digitalisierung – brauchen wir neue ganzheitliche Konzepte.[1]

Die Reaktion auf dieses Protestverhalten, AfD zu wählen, beantworten mehr als zwei Drittel der Bevölkerung mit Ablehnung und Unverständnis. Ich schaue in diesem Buch die konkreten Forderungen der AfD an und frage, was aus unserem Land würde, wenn diese umgesetzt würden.

2. Warum hat die AfD so viel Zuspruch?

Wir spüren immer noch den Nachhall der sogenannten Flüchtlingskrise 2015. Viele Menschen sehen das Thema Einwanderung seitdem als Problem, die rechten Parteien profitieren von der Wandlung der europäischen Gesellschaften. Die Migration erlaubt es ihnen, ihr Profil zu schärfen, um gegen den Zentralstaat zu agitieren. Darüber hinaus verbinden die rechtsradikalen Parteien die Ablehnung gesellschaftspolitischer Entwicklungen: Genderfragen, Lesben und Schwulenrechte, Diskussionen und Maßnahmen für das dritte Geschlecht usw. Die Tatsache, dass in der politischen Diskussion nicht mehr die Armen und Benachteiligten in Deutschland im Mittelpunkt stehen, sondern die Rechte von Minderheiten, die als fremd und „exotisch" wahrgenommen werden, führt zur Ablehnung des demokratischen Systems. Hinzu kommt, dass Wählerinnen und Wähler sich immer weniger mit den demokratischen Parteien identifizieren. Die deutschen Parteien erfüllen die elementare Erwartung an Politik nicht mehr; die weltanschaulichen Interpretationen haben sich eingeebnet, die politischen Perspektiven durch nationalstaatliches Handeln sind begrenzt. Die Einheitsfront „der Reformer" macht vergessen, dass Reformen auch Verlierer und Geschädigte produzieren, die dann in ihrer „diffusen Mittigkeit" (Franz Walter) vergessen werden. Vor 50 Jahren schon wies der US-Politikwissenschaftler Robert Alan Dahl auf die Langzeitwirkung der Politik von Volksparteien hin. Diese müssen eine Politik der Kompromisse und des Verhandelns betreiben, eine Politik, die von Experten und Parteispitzen mit geringer Bindung an die Basis bestimmt wird und moderierend daherkommt. Im Ergebnis steht ein politischer Prozess, halb pragmatisch, halb technokratisch. Solcher Prozess wird als Instrument politischer Eliten zur Wahrung eigener Interessen wahrgenommen. Parteien brauchen Profil. Stattdessen gehen sie unter in der Beliebigkeit der Postmoderne.

Die Wissenschaft nennt als Gründe für die zunehmende Sympathie mit der AfD die Lust auf Vereinfachung der Welt, Autoritätssehnsucht und eine nationalistische Identitätspolitik für alle, die im allgemeinen modernen Interesse am Minderheitsstatus mit Anspruch auf besonderen Schutz auf der Strecke geblieben sind: Alte, weiße, heterosexuelle Männer oder Deutsche ohne Migrationshintergrund, jene also, die bis vor Kurzem als Norm galten und sich seit einiger Zeit im Selbstwertgefühl untergraben fühlen, weil jetzt anderen die Aufmerksamkeit zufällt. Die öffentliche Diskussion dreht sich um neue Minderheiten, und der verärgerte „Normalbürger" wird beschimpft und pauschal diskriminiert, wenn er sich Gehör verschaffen will.

Die wirtschaftliche Entwicklung der vergangenen Jahre hat Verlierergruppen hervorgebracht, die besonders ansprechbar für rechtspopulistische Angebote wurden. So kommen einige empirische Untersuchungen zum Ergebnis, dass die AfD häufiger in sozialen Schichten mit niedrigem Einkommen gewählt wird. AfD-Wähler/innen und Befragte, die rechtspopulistische Einstellungen teilen, ordnen sich unabhängig von ihrem realen Einkommen in der Gesellschaft eher niedrig ein und erlebten häufiger im Vergleich zu den Eltern einen sozialen Abstieg. Wer eine sichere Beschäftigung mit gutem Einkommen hat, Wertschätzung im Beruf erfährt und die Möglichkeit sieht, die eigene Arbeit mitzugestalten, neigt seltener zu antidemokratischen Ansichten. Hinzu kommt ein vermeintlicher dreifacher Kontrollverlust, den Betroffene empfinden: persönlich, weil der technische Wandel bedrohlich erscheint; politisch, weil die Institutionen des Staates als abgehoben empfunden werden; in nationalstaatlicher Hinsicht, weil der Staat die Bevölkerung nicht schützen kann – etwa vor Zuwanderung, Pandemien und äußerer Bedrohung. Corona und die damit einhergehenden wirtschaftlichen Verwerfungen haben erheblichen Einfluss auf die Ausbreitung rechtspopulistischer Ideologien.

Außerdem darf nicht unterschätzt werden: Die Digitalisierung hat dazu geführt, dass es keinen offenen gesellschaftlichen Diskurs mehr gibt. Die Menschen ziehen sich mit ihrem Frust in die sogenannten sozialen Medien zurück, wo sie nur mit ihresgleichen zu tun haben und in ihren vorgefassten Meinungen bestätigt werden. Wir benötigen neue Formen der politischen Kommunikation, die Menschen gerne annehmen, wie das Verpacken von Informationen in Geschichten, das Storytelling.

Die Akzeptanz der AfD ist in den neuen Bundesländern größer als im Westen. Hierfür liegen die Gründe auf der Hand. Die blühenden Landschaften sind entstanden – nur haben sie oft etwas Kulissenhaftes. Fährt man durch bestimmte Regionen Ostdeutschlands, sieht man romantische Städte voll deutscher Kultur und Geschichte, es gibt einen oberen und einen unteren Marktplatz, in der Regel ein Schloss und häufig eine große Kirche, ja einen Dom. Der deutsche Föderalismus finanziert sogar ein kleines Theater und ein wenig besuchtes Museum. Den Besucher umfängt das Gefühl eines Deutschseins, wie man es aus Stuttgart, Düren oder gar Berlin längst nicht mehr kennt. Der Umstand, dass Ostdeutschland gefühlt deutscher ist als Westdeutschland, führt im Zusammenspiel mit anderen Faktoren zu dieser unsäglichen psychologischen Asymmetrie zwischen Ost und West, die sich auch parteipolitisch ausdrückt.

Stendal, Aschersleben, Naumburg, Wittenberg, Merseburg, Wurzen, Torgau, Löbau, Görlitz (um nur einige Beispiele zu nennen) sind städtebauliche Schönheiten in reizvoller Landschaft mit stolzer Vergangenheit und ungewisser Zukunft. In den umliegenden Dörfern befremden die Behäbigkeit, Langeweile, Lethargie, Ruhe und Beschaulichkeit, die dort Platz greifen, aber auch Verarmung und Verwahrlosung. Die genannten Städte leben emotional von der Erinnerung an die Hanse, an Luthers Reformation und Wirken vor 500 Jahren, vom Bischofssitz vor 1000 Jahren und manchmal von der Erinnerung an die Textilindustrie vor erst 100 Jahren. Auf diesen Themen baut der Tourismus auf, dies ist das einzig endogene Potenzial.

In den wenigen Jahren der Treuhand wurde die fast völlige Deindustrialisierung Ostdeutschlands vorangetrieben. Es gab mehrere Phasen: Zuerst Offenheit, Improvisation und oft Chaos, dann rücksichtslose Privatisierung im falschen Vertrauen auf einen fairen Markt und den Sieg des Prinzips Verkauf vor Sanierung, schließlich den verspäteten Versuch, einige industrielle Kerne zu erhalten, was nur in Jena und Leuna gelang. Die Politik westdeutscher Eliten, ein eigenständiges Potenzial in Ostdeutschland nicht zu fördern, das Land in völlige Abhängigkeit von westdeutschen Konzernen zu führen, hat ökonomische und vor allem psychologische Folgen bis heute.

Die Orte sterben aus, die Lokalpolitik kämpft vergeblich um junge Zuzügler. Diese Mischung aus Überalterung, Perspektivlosigkeit und einer auf die schön renovierte Heimat beschränkte Identität bildet die Grundlage für die Erfolge der AfD. Wir sind noch immer beim Thema Ausgleich regionaler Disparitäten und Bevölkerungsentwicklung. Man kann formulieren: Die verunsicherten Menschen in Sachsen möchten, dass die perfekt renovierten Marktplätze Wirklichkeit werden und nicht Kulissen in einem Prozess der Globalisierung bleiben, bei dem sie die Verlierer sind.

Nach der Grenzöffnung 1989 begann die erste große Abwanderungswelle. Ab 1998 nahm die Nettowanderung erneut signifikant zu; 1,2 Mio. Ostdeutsche zogen gen Westen. Ein besonderes Problem ist die Abwanderung von Frauen. Vor allem periphere, ländliche Regionen verloren überdurchschnittlich viele jüngere Frauen auf der Suche nach neuer Arbeit. Auch zeigen die Zahlen, dass vor allem jüngere Menschen auswanderten; wer alt und arbeitslos war, blieb. Wo qualifizierte Kräfte das Land verlassen, sinkt das Bildungsniveau und wächst das Desintegrationsklima. Wo für die Einheimischen Arbeitsplätze fehlen, wächst zwangsläufig die Fremdenfeindlichkeit. Leichte Beute für Populisten.

Der Politikberater Johannes Hillje sieht den Grund in der Strategie der AfD: „Soziale und ökonomische Kompetenz liegt der AfD mindestens so fern wie Friedrich Merz das Gendern. Ein Erklärungsansatz steckt in der 'Theorie sozialer Konflikte' ... Der AfD gelingt die angststiftende und antagonistische Kulturalisierung ökonomischer Themen, weil es an einer ausreichenden Materialisierung sozialer Fragen durch die Regierung mangelt und die konservative Opposition den kulturellen Diskurs mit den Schlüsselbegriffen der AfD befördert. In einer streckenweise 'behämmerten' Empörungsdebatte spielten sich jüngst Union und manche Medien auf dem kulturellen Feld der AfD die Bälle zu: 'Wie die Wärmepumpe bürgerliche Kultur zerstört', kolumniert man bei der WELT, 'Energie-Stasi!' schallt es aus der CDU. Und Schwupps fühlt man sich schon knietief in dieser 'Klimadiktatur', vor der auch Jens Spahn beim letzten 'Deutschlandtag' der Jungen Union so eindringlich warnte ... Akzeptanz ist auch emotional. Insbesondere, weil Themen wie Mobilität, Ernährung und Wohnen die Lebensweise von Menschen definieren, somit per se emotional sind. Menschen denken instinktiv an ihre persönlichen Gewohnheiten, wenn diese Themen im öffentlichen Diskurs debattiert werden. Eine Alltagskulturalisierung der Transformationsthemen passiert somit automatisch. Allein mit kühler Ratio wird man im emotionalen Nahbereich von Menschen nicht überzeugen, insbesondere wenn stimmungsmachende Kräfte ein monströses Bedrohungsszenario entwerfen. Transformationspolitik muss auf dem schmalen, aber wichtigen Grat zwischen realexistierender Emotionalität und destruktiver Emotionalisierung wandern. Soll heißen: Keinen Kulturkampf, aber Kultursensibilität braucht es für die Klimaneutralität, also Empathie für das Ausmaß der Veränderungen im Alltag mancher Menschen ... Je länger es die AfD gibt, desto 'normaler' wird sie von der Bevölkerung eingeschätzt. Normalisierung und Radikalisierung der AfD verlaufen erstaunlich synchron. Neben banaler Gewöhnungseffekte und dem Mainstreaming ihrer Rhetorik ist ein zentraler Integrationstreiber die Kooperation mit der AfD auf Landes- und Kommunalebene. In keiner westlichen Demokratie wurden Populisten und Extremisten langfristig 'entzaubert', indem man sie an der Macht beteiligt hat."[2]

3. Die Geschichte der AfD

Die Vorgeschichte der AfD lässt sich bis zum Maastrichter Vertrag von 1992 zurückverfolgen, mit dem die Einführung der gemeinsamen europäischen Währung beschlossen wurde. Nach einer erfolglosen Klage vor dem Bundesverfassungsgericht im Oktober 1993 hatte sich eine Gruppe von Euro-Gegnern um den früheren bayerischen FDP-Vorsitzenden Manfred Brunner entschlossen, den Widerstand politisch fortzusetzen und die Partei „Bund Freier Bürger" gegründet. Dieser bettete die Kritik an der europäischen Einheitswährung in ein weiter gefasstes rechtspopulistisches Konzept ein, das auch Themen wie Kriminalitätsbekämpfung und Zuwanderung ansprach. Die Verknüpfung konservativer und liberaler Elemente, die an das Erfolgsrezept der österreichischen FPÖ erinnerte, wurde von der AfD 20 Jahre später in ähnlicher Form übernommen.

Im Jahr 2009 bat der griechische Ministerpräsident Papandreou den IWF-Chef Strauss-Kahn, für Griechenland ein Hilfsprogramm aufzulegen, was dieser ablehnte, um den Ministerpräsidenten an die EU-Partner zu verweisen. Papandreou gab im November 2011 bekannt, dass er ein Kreditpaket der EU zugesagt bekommen habe, das er nur nach einer Volksabstimmung annehmen wolle. Bei einer Ablehnung wollte er den Austritt aus dem Eurosystem betreiben. Die Regierungen Sarkozy (Paris) und Merkel verlangten jedoch, dass Griechenland die Kreditbedingungen ohne Abstimmung akzeptiere. Papandreou gab nach.

Griechenlands Rettung sei alternativlos, sagte Merkel, was Bernd Lucke, Professor für Volkswirtschaft in Hamburg, veranlasste, den Verein „Wahlalternative 2013" zu gründen, um Mitstreiter für eine neue Partei zu sammeln. Am 14. April 2013 wurde die „Alternative für Deutschland" bei mehr als 1.500 Teilnehmer/innen im Berliner Hotel Intercontinental gegründet. Den ersten Vorstand bilden Lucke, Frauke Petry, die ein Unternehmen leitete, das neuartigen Kunststoff vertrieb, aber kurz vor der Insolvenz stand, und der ehemalige Journalist bei der FAZ Konrad Adam. Bei der Bundestagswahl 2013 verfehlte die AfD die 5 %-Marke nur knapp mit 4,7 %.

Umso größer war ihr Triumph bei der Europawahl 2014, als sie 7,1 % erreichte und – angeführt von Spitzenkandidat Lucke – sieben Abgeordnete ins Europaparlament entsenden konnte. Diese wurden in die mehrheitlich aus Vertretern der britischen Konservativen bestehende Fraktion der „Europäischen Konservativen und Reformer" (EKR) aufgenommen. Auch bei den zeitgleich mit der Europawahl in zehn Bundesländern stattfindenden Kommunalwahlen zogen viele AfD-Kandidaten in die Gemeindevertretungen und Stadträte ein.

Die Bundestags- und Europawahlkampagnen der AfD standen ganz im Zeichen ihrer Kernforderung – einer kontrollierten Auflösung der Währungsunion. Doch war die AfD keine „Ein-Themen-Partei". Zum einen band sie die Eurokritik in ein stark marktliberal ausgerichtetes Programm ein. Zum anderen formulierte sie in der Familien-, Geschlechter- und Zuwanderungspolitik konservative bzw. restriktive Positionen, wobei die von ihr abgelehnte „ungeordnete Zuwanderung in die Sozialsysteme" die ökonomischen und kulturellen Konfliktlinien miteinander verknüpfte.[3]

Dass die Zuwanderungsfrage der eigentliche Nährboden einer rechtspopulistischen Partei würde, hatte sich in der Bundesrepublik bereits 2010 mit der sogenannten Sarrazin-Debatte angedeutet. Thilo Sarrazin ist Volkswirt, Autor und Politiker (parteilos, zuvor SPD). Von 1975-2010 war er im öffentlichen Dienst tätig, von 2000-2001 in leitender Position bei der Deutschen Bahn, von 2002-2009 SPD-Finanzsenator in Berlin und bis 2010 Mitglied des Vorstands der Bundesbank. Sarrazin wurde aus der SPD ausgeschlossen und musste seine Tätigkeit bei der Deutschen Bundesbank beenden, weil er in mehreren Büchern ausländerfeindliche Einschätzungen publizierte. Einige Beispiele verdeutlichen seine Haltung:

„Eine große Zahl an Arabern und Türken in dieser Stadt (Berlin) ... hat keine produktive Funktion, außer für den Obst- und Gemüsehandel, und es wird sich vermutlich auch keine Perspektive entwickeln" (Herbst 2009 in „Lettre International"). – „Ich möchte nicht, dass wir zu Fremden im eigenen Land werden" (2010 in seinem Buch „Deutschland schafft sich ab"; später lässt Sarrazin der NPD gerichtlich untersagen, mit diesem Satz für sich zu werben). – „Es ist die nachhaltige religiös gefärbte kulturelle Andersartigkeit der Mehrheit der Muslime in Verbindung mit ihrer demografischen Dominanz. Diese wird sie in wenigen Jahrzehnten zur Mehrheitsbevölkerung in Deutschland und Europa machen" (2018 in seinem Buch „Feindliche Übernahme"). – „Schon die achtjährigen (muslimischen) Mädchen in der Schule wissen oft bereits, welchen Vetter sie einmal heiraten werden" (2018 in „Feindliche Übernahme"). – „Weltweit sind die liberalen Muslime, wie immer ihre konkrete Position ist, in einer winzigen hoffnungslosen Minderheit“ (2018 in „Feindliche Übernahme“). – „Hartz-IV-Empfänger sind erstens mehr zu Hause; zweitens haben sie es gerne warm, und drittens regulieren viele die Temperatur mit dem Fenster“ (2009 im „Stern“). – „Man kann sich vom Transfereinkommen vollständig, gesund und wertstoffreich ernähren“ (2008 über den Regelsatz für Hartz-IV-Empfänger, damals täglich 4,25 Euro).[4]

Je mehr sich die öffentliche Diskussion vom Euro wegbewegte, umso stärker trat die Migrationskritik als neues Kernthema der AfD hervor und verschoben sich die innerparteilichen Gewichte vom Wirtschaftsliberalismus zum Nationalkonservatismus. Begünstigt wurde der Rechtsruck durch die erfolgreich verlaufenen Landtagswahlen in Thüringen, Sachsen und Brandenburg im Spätsommer 2014, die die dortigen Landesverbände als Bestätigung ihrer Linie auffassten, den wirtschaftsliberalen Kurs zugunsten einer breiteren rechtspopulistischen Plattform zu überwinden.

2014 geht es auch um die Frage, wie die AfD zu Pegida steht. Seit Oktober 2014 versammeln sich jeden Montag tausende Menschen in Dresden. Unter dem Banner „der Rettung des Abendlandes“ machen die Demonstranten Stimmung gegen eine vermeintliche Islamisierung Deutschlands, gegen Zuwanderung und „Überfremdung“. Klassische Medien werden von Pegida-Anhängern als „Lügenpresse“ diffamiert. Mit dem Begriff hantierte bereits NS-Propagandaminister Joseph Göbbels.

Ein vom Anführer des rechtsnationalen Flügels, dem Thüringer Landesvorsitzenden Björn Höcke, mit initiiertes Papier („Erfurter Resolution“) stellte 2015 den gemäßigten Kurs der Parteispitze infrage. Gleichzeitig traten ehemalige Mitglieder von Republikanern, Schill-Partei und der Partei „Die Freiheit“ der AfD reihenweise bei. 2014 wird der Vorsitzende der AfD-Nordrhein-Westfalen, Marcus Pretzell, als Beisitzer in den Bundesvorstand gewählt. Er hat Geldprobleme, „war Immobilienentwickler, nun drücken ihn Steuerschulden. Im Januar 2015 wird deshalb kurzzeitig ein Konto der AfD gepfändet. Im April 2015 tritt der ehemalige Präsident des Bundesverbandes der Deutschen Industrie (BDI), Hans-Olaf Henkel, aus dem Bundesvorstand zurück. Er sagt damals, dass er schockiert sei, dass die Partei Menschen anziehe, die beruflich gescheitert seien und sich über ein politisches Mandat sanieren wollten ... Niemand ahnt: Hinter den Kulissen haben sich Marcus Pretzell und Frauke Petry nicht nur politisch angenähert.“[5]

Auf dem Essener Parteitag (2015) gewann Frauke Petry die Kampfabstimmung gegen Bernd Lucke zur neuen Parteisprecherin. Lucke und mit ihm die wichtigsten Vertreter des wirtschaftsliberalen Flügels verließen darauf die Partei. Der Aufwärtstrend aber ging weiter. Im März 2016 zog die AfD in den eher konservativen Bundes ändern Baden-Württemberg und Rheinland-Pfalz mit 15,1 bzw. 12,6 % in die Landtage ein. 2017 zog sie erstmals in den Bundestag mit 12,6 % ein. Bei den Wahlen ab 2020 ergab sich folgendes Bild:

- Hamburg 2020: 5,3 %
- Sachsen-Anhalt 2021: 20,8 %
- Mecklenburg-Vorpommern 2021: 16,7 %
- Schleswig-Holstein 2022: 4,4 %
- Niedersachen 2022: 11,0 %
- Nordrhein-Westfalen 2022: 5,4 %
- Rheinland-Pfalz 2022: 8,3 %
- Saarland 2022: 5,7 %
- Berlin 2023: 9,1 %

Tino Chrupalla bleibt 2022 Parteichef der AfD. Beim Bundesparteitag in Riesa bekam er 53 % der Stimmen. Geboren am 14. April 1975 in Weißwasser, verheiratet, drei Kinder. 1991 Mittlere Reife; 1991-1994 Berufsausbildung zum Maler und Lackierer; 2000-2003 Meisterschule Handwerkskammer Dresden, Abschluss Maler- und Lackierermeister. 2015 Eintritt in die AfD. Trotz seiner offiziellen Distanzierung traf sich Chrupalla immer wieder mit Rechtsextremisten sowie Holocaustleugnern und ist aufgrund seines Verhaltens auf dem Prüfstand des Bundesamtes für Verfassungsschutz. In öffentlichen Auftritten nutzte Chrupalla nationalsozialistische Begriffe wie „Umvolkung“ und „Mischvolk“ und bezeichnete hochrangige am Völkermord beteiligte Nationalsozialisten als „Jungs“.

Zweite Vorsitzende wird Alice Weidel. Die Delegierten wählten sie mit 63 %. Zuvor hatten sie entschieden, für weitere zwei Jahre eine Doppelspitze beizubehalten. Weidel wurde am 6. Februar 1979 in Gütersloh geboren: zwei Kinder; Lebenspartnerschaft mit Sarah Bossard. AfD-Mitglied seit 2013. Abitur; Studium Volkswirtschaftslehre (Diplom-Volkswirtin) und Betriebswirtschaftslehre (Diplom-Kauffrau); Dr. rer. pol. Politisch zählt Weidel zum moderaten Flügel der Partei. Die Rhetorik des Höcke-Flügels lehnt sie ab. Anders als die Rechtsnationalen, die eine „Netto-Auswanderung von Ausländern“ wollen, ist Weidel für eine „gesteuerte qualifizierte Zuwanderung“, aber auch gegen eine „Politik der offenen Grenzen, die vor allem muslimische Armutsmigranten ohne Qualifikation nach Deutschland lockt“.

Weidel ist gegen die Krankenversicherung für Asylbewerber, den „naiven Umgang" mit islamischen Hasspredigern und warnt vor überzogenen Erwartungen bei der Integration von Flüchtlingen in den Arbeitsmarkt.[6]

Als Stellvertreter der beiden Parteivorsitzenden wurden der bisherige Parteivize Stephan Brandner mit 72,4 %, der Bundestagsabgeordnete Peter Boehringer (55,4 %) und seine Fraktionskollegin Mariana Harder-Kühnel (74,6 %) in den engeren Führungszirkel gewählt.

Boehringer und Brandner forderten mit Blick auf den parteiinternen Streit der Vergangenheit in ihren Bewerbungsreden einen „homogenen Bundesvorstand". Harder-Kühnel wetterte gegen „Deutschlandhasser". Sie forderte eine Parteiführung, die geschlossen stehe „wie eine Mannschaft".

Auf dem Parteitag in Magdeburg im August 2023 wurde Maximilian Krah als Spitzenkandidat nominiert, ein Vertrauter des thüringischen AfD-Landeschefs Bernd Höcke.

4. Die Forderungen der AfD und ihre Folgen

4.1. Zuwanderung und Asyl

Allen Einstellungen der AfD zum Thema Asyl und Zuwanderung liegt ein „völkisches Bewusstsein" zugrunde. Der als Vordenker der AfD bekannte baden-württembergische Landessprecher Marc Jongen formulierte sein Volksverständnis im Interview mit der Wochenzeitung „Die Zeit" wie folgt:

„Die Identität des Volkes ist eine Mischung aus Herkunft, aus Kultur und aus rechtlichen Rahmenbedingungen. Der Pass allein macht noch keinen Deutschen. Als AfD sind wir deshalb dafür, das sogenannte Abstammungsprinzip, das bis vor Kurzem noch gegolten hat, wieder einzuführen."[7]

Daraus ergibt sich für Menschen mit einer nicht nachvollziehbaren Überschätzung von Abstammung eine möglichst enge Abgrenzung zu anderen kulturellen Stämmen:

„Die AfD fordert in der Migrationspolitik einen grundlegenden Paradigmenwechsel: Jegliche Einwanderung nach Europa müsse begrenzt und gesteuert werden ... Die EU habe sich künftig im Wesentlichen auf operative Hilfestellung für die Mitgliedstaaten bei Abschiebungen sowie bei Verhandlungen über Rückführungsabkommen mit den Herkunftsstaaten zu beschränken."[8]

Deutschland war lange Exportweltmeister. 2022 hatte China diese Position inne. China exportierte 2022 Waren für rund 3,59 Billionen US-Dollar und ist damit weit vor den USA (2,06 Billionen) sowie Deutschland (1,65 Billionen) größtes Exportland der Welt. Aber auch als Dritter auf dem Treppchen sind wir darauf angewiesen, mit vielen Völkern der Erde eng zu kooperieren. Aus diesen Geschäftsbeziehungen ergeben sich persönliche Wanderungsbewegungen. Seit mehr als einem halben Jahrhundert haben wir überdies zu wenig Facharbeitskräfte und sind seither auch Einwanderungsland. Eine „völkische Isolierung“ würde uns den Wohlstand kosten.

„Deutschland ist aufgrund seiner geografischen Lage, seiner Geschichte, Bevölkerung und dichten Besiedelung kein klassisches Einwanderungsland“, irrt die AfD. „Es ist notwendig, zwischen politisch Verfolgten und Kriegsflüchtlingen einerseits und irregulären Migranten andererseits zu unterscheiden. Die AfD setzt sich daher unter anderem für die Umsetzung folgender Maßnahmen ein:

- Vollständige Schließung der EU-Außengrenzen.
- In der Herkunftsregion von Flüchtlingsbewegungen, wie z.B. Nordafrika, werden Schutz- und Asylzentren in sicheren Staaten eingerichtet. Erst nach Anerkennung eines Schutzgrundes wird die sichere Reise nach Deutschland ermöglicht.
- An allen deutschen Grenzen, an denen derzeit (noch) ungeregelte Einwanderung stattfindet, sind strenge Personenkontrollen einzuführen, um illegale Grenzübertritte zu verhindern.
- Das individuelle Asylgrundrecht soll durch die grundgesetzliche Gewährleistung eines Asylgesetzes ersetzt werden. Das Asylrecht darf nicht länger als ein Vehikel der Masseneinwanderung missbraucht werden ...

Jeder Einwanderer hat eine unabdingbare Bringschuld, sich zu integrieren; er muss sich seiner neuen Heimat anpassen, nicht umgekehrt. Wer sich der Integration verweigert, muss sanktioniert werden und letztendlich auch sein Aufenthaltsrecht verlieren können. Die AfD lehnt den ‘Doppelpass’, also den Erwerb der deutschen Staatsangehörigkeit bei gleichzeitigem Fortbestand oder Erwerb einer anderen Staatsangehörigkeit grundsätzlich ab, was wohlbegründete Sonderfälle aber nicht ausschließt.“[9]

„Die Folgen dieser verfassungsfeindlichen Politik sind in unserem Freistaat bereits seit der letzten Legislaturperiode zu beobachten. Ganze Stadtteile sind in den letzten fünf Jahren bevölkerungspolitisch gekippt. Zusätzlich belastet die ungeregelte Zuwanderung der letzten Jahre den bereits angespannten Markt für preisgünstigen Wohnraum. Die erheblichen Nachteile für die angestammte Bevölkerung zeigen sich auch in Form drastisch steigender Kriminalität. Die Zahlen der Polizeilichen Kriminalstatistik sind alarmierend: Der Anteil der nichtdeutschen Tatverdächtigen betrug im Jahr 2018 17,4 %. Das stellt eine Verdoppelung zum Wert von 2014 dar."[10]

2016 sorgt die frühere AfD-Chefin Frauke Petry mit ihrer Forderung nach Schusswaffengebrauch an deutschen Grenzen für einen Sturm der Empörung, dann bekam sie von einer Parteikollegin Unterstützung. Beatrix von Storch, damals stellvertretende Bundesvorsitzende und Berliner Landesvorsitzende, löste im Internet eine Diskussion aus, Waffen auch gegenüber geflüchteten Kindern und Frauen einzusetzen. Auf ihrer offiziellen Facebook-Seite kritisierte von Storch zunächst die Diskussion über den Schießbefehl. „Was für eine Verhöhnung der Mauertoten!" Für von Storch besitzen Flüchtlinge zudem kein Asylrecht, wenn sie über Österreich nach Deutschland einreisen. „Wer das HALT an unserer Grenze nicht akzeptiert, der ist ein Angreifer. Und gegen Angriffe müssen wir uns verteidigen. Die Menschen sind in Österreich in Sicherheit. Es gibt keinen Grund, mit Gewalt unsere Grenze zu überqueren." In der Kommentarspalte unter dem Post wurde von Storch dann noch deutlicher. Ob sie etwa Frauen mit Kindern an der grünen Wiese den Zutritt mit Waffengewalt verwehren wolle, fragte sie ein User, was von Storch bejahte.[11]

Auf welche Ziele und vermeintliche Fakten bezieht sich die AfD in der Flüchtlings- und Migrationspolitik? Erstens wird versucht, den Nachweis zu führen, dass die große Mehrheit der Geflüchteten in Deutschland nicht über die notwendigen qualifikatorischen und sonstigen Voraussetzungen verfügt, um sich in den Arbeitsmarkt zu integrieren. Insbesondere verfügten sie nicht über die Voraussetzungen, einer Tätigkeit als Fachkraft nachzugehen. Daraus wird die Forderung abgeleitet, diese Menschen schnell in ihre Herkunftsländer zurückführen. Zweitens kritisiert die AfD, dass der Entwurf der Bundesregierung für ein Fachkräfteeinwanderungsgesetz unzureichend zwischen Asyl- und Erwerbsmigration trenne.

Das Eckpunktepapier der Bundesregierung für die Fachkräfteeinwanderung und ihr Entwurf für ein Fachkräfteeinwanderungsgesetz haben den Anspruch, die Sicherung der Fachkräftebasis als Grundlage für zukünftiges Wirtschaftswachstum in Deutschland zu gewährleisten.

Das Völkerrecht, das europäische Recht und das deutsche Recht unterscheiden verschiedene Aufenthaltszwecke und folglich auch verschiedene Formen des Zuzugs in Hinblick auf diese Zwecke. Die Bundesrepublik Deutschland hat sich mit der Unterzeichnung des „Abkommens über die Rechtsstellung der Flüchtlinge“ von 1951 (in der Öffentlichkeit häufig als Genfer Flüchtlingskonvention – GFK bezeichnet) und seines Protokolls von 1967 zum Schutz von Menschen vor Verfolgung verpflichtet. Voraussetzung für eine Anerkennung als Flüchtling ist die persönliche Verfolgung im Herkunftsland aufgrund von Rasse, Nationalität, politischer Überzeugung, Religion oder anderen Gruppenzugehörigkeiten. Ferner verbietet der Grundsatz der Nichtzurückweisung in der GFK die Abschiebung von Menschen, denen Gefahr für Leben oder Freiheit droht. Die Grundsätze des Abkommens über die Rechtsstellung der Flüchtlinge sind durch die Qualifikationsrichtlinie der Europäischen Union (EU) ins Europäische Sekundärrecht übernommen worden. Sie sind für das nationale Recht der Mitgliedsstaaten der EU verbindlich und auch in deutsches Recht umgesetzt. Schließlich sieht Artikel 16a des Grundgesetzes vor, dass politisch Verfolgte Asyl genießen. Diese Schutzansprüche gelten individuell und unabhängig von Nützlichkeitserwägungen, d.h. unabhängig davon, ob der Zuzug von Flüchtlingen wirtschaftlichen Nutzen für Deutschland hat oder nicht. Diese Rechtsnormen sind für den Gesetzgeber und die staatlichen Institutionen der Bundesrepublik verbindlich.

Die AfD präsentiert das kanadische Punktesystem als „Vorbild für eine qualifizierte Zuwanderungspolitik“. So würde nach dem kanadischen Punktesystem eine überwältigende Mehrheit der Asylsuchenden an diesem Auswahlverfahren scheitern, behauptet sie. Unerwähnt bleibt, dass auch in Kanada über die Aufnahme von Schutzsuchenden nicht nach Punktesystem, sondern nach dem „Immigration and Refugee Protection Act“ entschieden wird. Das Asyl- und Flüchtlingsrecht leitet sich in Kanada wie in Deutschland aus völkerrechtlich verbindlichen Verträgen, besonders dem Abkommen über die Rechtsstellung der Flüchtlinge von 1951 und dem Protokoll von 1967 ab. Das Punktesystem hat mit der Steuerung eines Teils der Einwanderung zu Erwerbszwecken zu tun – das kanadische Recht kennt aber neben dem Punktesystem andere Zugangswege für Erwerbstätige. Gerade aufgrund der Unterscheidung von Asyl und der Zu- oder Einwanderung zu Erwerbszwecken ist eine Beurteilung von Geflüchteten nach Kriterien, die ein Fachkräfteeinwanderungsgesetzes stellt, gegenstandslos.

Die AfD unterstellt immer wieder, Geflüchtete hätten überwiegend keine legitimen Schutzansprüche; mehr als zwei Drittel haben aber einen Schutzstatus aus politischen, völkerrechtlichen oder humanitären Gründen.[12]

Es ist auch falsch zu behaupten, die große Mehrheit der Geflüchteten könne sich nicht in den Arbeitsmarkt integrieren. Im Gegenteil ist zu erwarten, dass sich die Mehrheit integriert. „Derzeit haben 607.600 Menschen aus Asylherkunftsländern eine Beschäftigung (Stand: April 2023), die allermeisten von ihnen in sozialversicherungspflichtigen Stellen. Die Zahl der Geflüchteten in Arbeit ist in den letzten Jahren deutlich gestiegen: Im Vergleich zu Ende 2014 – bevor viele Geflüchtete nach Deutschland kamen – gibt es mehr als siebenmal so viele sozialversicherungspflichtig Beschäftigte aus Asylherkunftsländern (Ende 2014: 70.000)."[13]

Mit längerer Aufenthaltsdauer steigt der Anteil der Geflüchteten, die einen Job gefunden haben. Mit Ausnahme eines Einschnitts während der „ersten Welle" von Corona setzt sich ein grundsätzlich positiver Trend der letzten Jahre fort. Das Institut für Arbeitsmarkt- und Berufsforschung (IAB) hat diesen Zusammenhang für Menschen untersucht, die unter anderem in den Jahren 2015-2016 nach Deutschland kamen. Die Ergebnisse (2023):

„54 % der Personen, die vor sechs Jahren kamen, hat einen Arbeitsplatz, davon zwei Drittel in Vollzeit. 70 % üben eine qualifizierte Tätigkeit aus. Dennoch sind viele unterhalb des Ausbildungsniveaus beschäftigt, das sie vor ihrer Ankunft in Deutschland hatten, und zwar 41 % der Personen, die seit sechs Jahren in Deutschland sind. 12 % haben inzwischen eine höhere Ausbildung und eine entsprechende Stelle gefunden. Kurz nach ihrer Ankunft in Deutschland haben noch die wenigsten Geflüchteten Arbeit – denn sie unterliegen einerseits einem Arbeitsverbot, andererseits haben sie noch keine Sprachkenntnisse. Im ersten Jahr haben nur 7 % von ihnen eine Stelle, nach sechs Jahren sind es 54 %, nach sieben Jahren 62 %. Zwischen den Geschlechtern zeigt sich allerdings ein deutlicher Unterschied: So hatten sechs Jahre nach Zuzug 67 % der Männer eine Arbeit gefunden, aber nur 23 % der Frauen. Nach acht Jahren waren 39 % der Frauen in Arbeit.

Die überwiegende Mehrheit der Menschen mit „Migrationshintergrund" geht einer bezahlten Tätigkeit nach. Das zeigen die Erwerbstätigenquoten für 2021 aus dem Mikrozensus:

67,2 % bei Menschen mit Migrationshintergrund, 64,7 % bei ausländischem Staatsbürgern/innen (zum Vergleich: Gesamtbevölkerung: 75,6 %, Deutsche ohne Migrationshintergrund: 78,9 %).[14]

Fazit: Wir benötigen die Zuwanderer dringend, da sie das Problem fehlender Fachkräfte in Deutschland in Millionenhöhe gravierend mindern.

Ich betrachte auch die Zahlen der Ausländerkriminalität differenzierter als die AfD: Zuwanderer/Zuwanderinnen im Sinn dieser Kernaussagen sind Personen mit Aufenthaltsanlass „Asylberechtigte/r", „Schutzberechtigte/r", „Asylbewerber/in", „Duldung", „Kontingentflüchtling" und „unerlaubt". Staatsangehörige eines Mitgliedstaats der EU werden nicht der Gruppe der Zuwanderer/Zuwanderinnen im Sinn dieser Kernaussagen zugeordnet.

Das Jahr 2022 war geprägt durch den Zugang vieler Schutzsuchender aus der Ukraine. Bei den hier dargestellten Asylgesuchen sind die Personen, die innerhalb des Betrachtungszeitraums aufgrund des russischen Angriffs auf die Ukraine nach Deutschland geflohen sind, größtenteils nicht inbegriffen, da dieser Personengruppe vorübergehender Schutz ohne ein Asylverfahren gewährt wird (gemäß § 24 AufenthG) und daher nur wenige Ukrainer/innen einen Asylantrag stellen.

In den ersten drei Quartalen des Jahres 2022 wurden insgesamt 198.187 Fälle im Zusammenhang mit versuchten und vollendeten Straftaten registriert, bei denen mindestens ein/e Zuwanderer/Zuwanderin als Tatverdächtige/-r erfasst wurde (1.-3. Quartal 2021: 170.844 Fälle).

Die Mehrzahl der in Deutschland aufhältigen Zuwanderer/Zuwanderinnen trat nicht im Zusammenhang mit einer Straftat in Erscheinung.

Straftaten mit tatverdächtigen Zuwanderern/innen (Jan-Sep 2022):

- Diebstahl 47.473 Delikte
- Vermögens- und Fälschungsdelikte 45.795
- Rohheitsdelikte und Straftaten gegen die persönliche Freiheit 42.840
- Sonstige Straftatbestände 27.897
- Rauschgiftdelikte 18.479
- Straftaten gegen die sexuelle Selbstbestimmung 4.478
- Straftaten gegen das Leben 207

Die Diebstahlsdelikte waren zu fast zwei Dritteln Ladendiebstähle (63,3 %), die Vermögens- und Fälschungsdelikte etwa zur Hälfte Beförderungserschleichungen (50,4 %). Die Rohheitsdelikte und Straftaten gegen die persönliche Freiheit waren überwiegend Körperverletzungsdelikte (70,2 %).

In 62 Fällen richtete sich die Tat (auch) gegen deutsche Staatsangehörige. Der Großteil der Straftaten gegen das Leben mit tatverdächtigen Zuwanderern/Zuwanderinnen blieb im Versuchsstadium (80,2 %). Bei den 41 vollendeten Fällen wurden 33 Personen getötet, wobei die Opfer 22 Zuwanderer/Zuwanderinnen und 13 deutsche Staatsangehörige waren.[15]

Gerade in Bezug auf Sexualstraftaten und die Rohheitsdelikte darf man sich nicht wundern. Wer junge Männer um 30 ohne Perspektive und Zugang zu Frauen lässt, provoziert derartige Straftaten. Integration hat auch mit den Bedingungen zu tun, die das Aufnahmeland zur Verfügung stellt.

Auf jeden Fall kann festgestellt werden, dass die Ausländerkriminalität aufgrund der Schwere der Tatbestände keine besondere Gefährdung der inneren Sicherheit in Deutschland darstellt, wie es uns die AfD mit absoluten Zahlen ohne Differenzierung weißmachen will.

Ich möchte noch einen Aspekt in die Diskussion bringen – die Islamfeindlichkeit der AfD, und zitieren: „Die antiislamischen Positionen der AfD kulminieren in folgenden Sätzen aus dem Parteiprogramm: Der Islam gehört nicht zu Deutschland. In seiner Ausbreitung und in der Präsenz einer ständig wachsenden Zahl von Muslimen sieht die AfD eine große Gefahr für unseren Staat, unsere Gesellschaft und unsere Werteordnung ... Als der Programmentwurf bekannt wurde, hatte sich AfD-Vorstandsmitglied Alexander Gauland in der Frankfurter Allgemeinen Sonntagszeitung vom 17. April 2016 mit den Worten zitieren lassen: ‘Wir sind ein christlich-laizistisches Land, der Islam ist ein Fremdkörper.’“ [16]

Die Bedrohungen im Narrativ der AfD kommen entweder von oben („die Lügenpresse“, „die Altparteien“), von unten („die Sozialschmarotzer“, „die Flüchtlinge“) oder von einem vermeintlichen Außen („der Islam“, „die EU“). Damit verfolgt die AfD ein strategisches Ziel, das unabhängig vom Thema immer ähnlich abläuft: Es geht darum, Angst vor etwas oder jemand zu schüren – und sich selbst als Erlöserin vor der Gefahr zu präsentieren. Dabei nutzen sie den Generalverdacht, weil dieser sich besser eignet, Angst zu erzeugen, als differenzierte Betrachtungen. Und die Populisten wissen: Wenn du Menschen nach Kategorien einteilst und von wenigen Merkmalen aufs große Ganze schließt, musst du den Tatbestand nicht in seiner Komplexität erfassen. Das macht die Welt einfach und geordnet. Den gefährlichen Pauschalisierungen wird daher gern gefolgt.

Ich frage mich, warum so viele Menschen pauschalen und falschen Urteilen folgen, auch wenn sie Ehrlichkeit als wünschenswert hinstellen.

Eine psychologische Studie von Forschern der Universität Illinois (Chicago) legt nahe, dass Menschen eine größere Nachsicht gegenüber Lügen von Politikern zeigen, wenn diese einem gemeinsamen Ziel dienen – eine bestimmte politische bzw. ihre eigene moralische Haltung stützen.

Diese Lügen scheinen die Anhänger als akzeptable und notwendige Mittel wahrzunehmen, um ein höheres moralisches Ziel zu erreichen, sagte Studienautorin Allison Mueller vom Fachbereich Psychologie.

Eine beunruhigende und aktuelle Konsequenz dieser Erkenntnisse ist, dass politische Persönlichkeiten korrupt handeln können, ohne ihr Image zu beschädigen, zumindest in den Augen ihrer Anhänger, meinte sie.

4.2. Die AfD und der Islam

Zentrale Funktionäre der AfD vertreten gegenüber dem Islam eine ablehnende Haltung und lasten diesem eine immanente Rückständigkeit sowie einen totalitären Herrschaftsanspruch an. In der Konsequenz wird dem Islam pauschal die Vereinbarkeit mit den europäischen Werten und der deutschen Kultur abgesprochen und die Notwendigkeit der Verteidigung Deutschlands gegenüber islamischen Einflüssen konstruiert.

Alice Weidel macht es deutlich: „Der Islam bedeutet Steinzeit. Wer aber in der Neuzeit lebt und Kompromisse mit der Steinzeit schließt, der landet im Mittelalter. Mit dem Islam darf es keine Kompromisse geben. Wir müssen und werden unsere Kultur verteidigen – gegen den Islam."

Alexander Gauland am 9. Juni 2018: „Wir befinden uns in einem Kampf gegen Kräfte, die ihr globalistisches Programm der Nationenauflösung, der ethnisch-kulturellen Vereinheitlichung und der Traditionsvernichtung als die Menschlichkeit und Güte selbst verkaufen. Wir sollen uns im Dienst des Menschheitsfortschritts verdrängen lassen. Wir sollen uns als Volk und Nation in einem großen Ganzen auflösen. Wir haben aber kein Interesse daran, Menschheit zu werden. Wir wollen Deutsche bleiben."

Bernd Höcke: „Wir haben es hier nicht mit irgendeiner Religion zu tun, die wie das Christentum schon grundsätzlich eine Affinität zum demokratischen Rechtsstaat hat, weil das Christentum von Anbeginn an eine göttliche Sphäre und eine weltliche Sphäre getrennt hat ... Die weltliche und die göttliche Sphäre sind im Islam untrennbar miteinander verbunden ... Es ist kein demokratischer Rechtsstaat mit dem Prinzip des Gottesgnadentums gründbar, das muss jedem klar sein. Also auch schon strukturell, auch von seinem Geist, ist der Islam nicht mit dem demokratischen Rechtsstaat kompatibel."

Zentrale Funktionäre der AfD vertreten gegenüber dem Islam eine ablehnende Haltung und lasten ihm immanente Rückständigkeit sowie totalitären Herrschaftsanspruch an. So wird dem Islam die Vereinbarkeit mit europäischen Werten und deutscher Kultur abgesprochen und die Notwendigkeit der Verteidigung Deutschlands gegen islamische Einflüsse konstruiert.[17]

Wie aber gestaltet sich das Leben der Muslime in Deutschland tatsächlich? Das Bundesamt für Migration und Flüchtlinge legt 2019 die erste bundesweit repräsentative Studie vor, die Personen aus 49 muslimisch geprägten Herkunftsländern einbezieht und somit einen umfassenden Überblick über das muslimische Leben in Deutschland gibt:

- In Deutschland leben ca. 4 Mio. Muslime. Insgesamt leben rund 82 Mio. Menschen in Deutschland, der Anteil der Muslime an der Gesamtbevölkerung beträgt 4,6-5,2 %. Rund 45 % der hier lebenden Muslime mit Migrationshintergrund aus den berücksichtigten Herkunftsländern sind deutsche Staatsangehörige, ca. 55 % haben eine ausländische Nationalität.
- 98 % der Muslime hier leben in den alten Bundesländern und Ostberlin.
- Differenziert man nach erster und zweiter Zuwanderergeneration, zeigen alle Herkunftsgruppen, dass die Angehörigen der zweiten Generation viel häufiger als ihre Elterngeneration das deutsche Schulsystem mit einem Schulabschluss verlassen. Dies gilt besonders für weibliche Muslime.
- Die Mehrheit der Muslime ist gläubig. Insgesamt 36 % schätzen sich selbst als stark gläubig ein. Weitere 50 % geben an, eher gläubig zu sein. Religiosität ist insbesondere bei türkischstämmigen Muslimen afrikanischer Herkunft ausgeprägt. Dagegen ist sie bei iranischstämmigen Muslimen, fast ausschließlich Schiiten, eher gering: Nur 10 % sehen sich als stark gläubig, aber etwa ein Drittel als nicht gläubig. Muslimische Frauen sind in fast allen Herkunftsgruppen gläubiger als Männer.
- Bei der Besuchshäufigkeit von religiösen Veranstaltungen bestehen große Geschlechtsunterschiede. Nur 26 % der muslimischen Frauen besuchen ein paar Mal im Monat oder häufiger religiöse Veranstaltungen. Bei den Männern sind es 43 %. Die Unterschiede zwischen den Geschlechtern bestehen in allen Herkunftsgruppen. Besonders ausgeprägt sind sie bei Muslimen aus dem sonstigen Afrika, von denen 52 % der Männer, aber nur 29 % der Frauen häufig religiöse Veranstaltungen besuchen.
- Bei den in der Integrationsdebatte diskutierten Themenbereichen wie dem Tragen des Kopftuchs oder der Teilnahme an schulischen Unterrichtsangeboten zeigt sich hinsichtlich der Bedeutung der Religion ein vielschichtiges Bild. Zwischen dem Alter und dem Anteil der Frauen,

die ein Kopftuch tragen, besteht ein deutlicher Zusammenhang. Zudem nimmt in der zweiten Generation die Häufigkeit des Kopftuchtragens signifikant ab. Der Anteil der Angehörigen der zweiten Generation, die immer ein Kopftuch tragen, ist um 7 % niedriger als bei den Frauen der ersten Generation. Doch steigt der Anteil derjenigen, die es manchmal tragen, auf 12 %. In beiden Gruppen tragen ca. 70 % nie ein Kopftuch.

– Soziale Kontakte stellen eine Basis für den gesellschaftlichen Zusammenhalt dar, z.B. die Mitgliedschaft in Vereinen ist eine Ressource für die Integration in die Aufnahmegesellschaft. Mehr als die Hälfte der Muslime ist Mitglied in einem deutschen Verein, nur 4 % sind ausschließlich Mitglied in einem herkunftslandbezogenen Verein, darunter auch in Deutschland gegründete Vereine. 18 % sind sowohl in auf Deutschland als auch auf das Herkunftsland bezogenen Vereinen Mitglied.[18]

Weil die terroristische Gefahr, die von Islamisten ausgeht, immer wieder von der AfD ins Feld geführt wird, einige Zahlen dazu: „Im Verlauf des Jahres 2022 kam es in Deutschland zu keinem gesichert islamistisch motivierten Anschlag, da es den deutschen Sicherheitsbehörden gelungen ist, Gefährdungen bereits im Vorfeld zu erkennen und zu unterbinden.“[19]

„Trotz der Erfolge in den letzten Jahren, wie Verbote islamistischer Vereinigungen, Vereitelung von islamistisch motivierten Terroranschlägen in Deutschland sowie Verhinderung zahlreicher Ausreisen in Jihadgebiete, besteht die Gefährdung durch den islamistischen Terrorismus in Deutschland sowie für deutsche Interessen und Einrichtungen weltweit fort.“[20]

Im Vergleich zum Vorjahr stieg im Berichtsjahr die Zahl der rechtsextremistischen Gewalttaten um 7,5 % (2021: 945; 2022: 1.016). Körperverletzungsdelikte (879) bildeten mit 86,5 % an der Gesamtzahl der Gewaltdelikte den größten Anteil und bewegten sich etwa auf dem prozentualen Niveau des Vorjahrs (2021: 82,9 %, 783). Bei rechtsextremistisch motivierten Körperverletzungsdelikten mit fremdenfeindlichem Hintergrund ist ein Anstieg von 16,3 % zum Vorjahr zu beobachten (2021: 646; 2022: 751). Ebenso stieg die Gesamtzahl fremdenfeindlicher Gewaltdelikte (2021: 686; 2022: 796, +16,0 %). Die Zahl rechtsextremistischer Nötigungen bzw. Bedrohungen sank nur geringfügig um 1,9 % (2021: 425; 2022: 417), die der Sachbeschädigungen nahm um 35,9 % ab (2021: 923; 2022: 592).

Im Jahr 2022 wurden zwei versuchte Tötungsdelikte (2021: zwei versuchte und ein vollendetes Tötungsdelikt) gezählt.[21]

Eine Gefährdung unserer inneren Sicherheit geht also deutlich eher von rechtsextremen Gruppen aus. Eine Zusammenarbeit von Rechtsextremen und islamistischen Extremisten ist im Übrigen nicht so abwegig, wie es auf den ersten Blick scheint. Sie haben viel gemeinsam.

Maximilian Krah, Spitzenkandidat der AfD für die Europawahl 2024, war zu Gast im Podcast beim rechtsextremen Chefideologen Götz Kubitschek: In der Diskussion solidarisiert er sich mit den Taliban, die 2021 die Macht übernommen hatten, laut Krah, nachdem die US-Botschaft in Kabul auf Twitter über den Pridemonth informiert habe. Dass die Machtübernahme im Zusammenhang mit dem Pridemonth stünde, ist Unsinn und zeugt von mangelndem Hintergrundwissen. Auf Nachfrage wird er es als „Ironie" entschuldigen, doch die Botschaft kommt bei den Fans an. Der Einmarsch der Taliban im Kabul sei „die einzig richtige Antwort auf den Pridemonth", sagte Krah. Lieber Taliban als queer – das ist die AfD. Selbst eine von al-Quaida unterwanderte Diktatur klingt für den Spitzenkandidaten besser als das deutsche Grundgesetz. Die dem Islam von rechts zugesprochene Wehrhaftigkeit gegen die USA, den Liberalismus oder, wie es neuerdings heißt, das „Regenbogenimperium" verleiht konservativ-fundamentalistischen Strömungen des Islam bis heute in der extremen Rechten Respekt.

Zwei Bücher aus neurechten Verlagen: „Feindbild Islam als Sackgasse" (Jungeuropa Verlag) von Frederic Höfer und „Das neue Volk" (Antaios Verlag) von Simon Kießling greifen die aktuelle Situation auf und sorgen für innerrechte Debatten: Das eine warnt vor dem Feindbild Islam als rechte Sackgasse, das andere fordert, die demografischen Realitäten eines Einwanderungslandes anzuerkennen und mit Gleichgesinnten eine rechte, multiethnische Gesellschaft zu gründen. Kießling warnt das eigene Lager: „Konservativ/rechts zu sein kann in diesem Sinne nicht bedeuten, alle eingewanderten Gruppen unserer multikulturellen Realität pauschal als feindliche Kräfte zu markieren, auf die man sich ausschließlich negativ bezieht." Denn „dieses neue Volk, das sich um einen Elite-Kern kristallisiert, wird nicht mehr nur deutsch oder nur europäisch im engeren Sinne sein, sondern sich aus Menschen verschiedener ethnokultureller Herkunft zusammensetzen", so Kießling. Es gelte, einen neuen volksmäßigen Verband zu schaffen, „der das Abendländische aufbewahrt und weiterträgt, aber auch über es hinausgeht, indem er eine neue Synthese kreiert, die auch aus anderen geistigen und politischen Quellen schöpft". Ziel müsse es sein, „den Tiger der multiethnischen Gesellschaft zu reiten, also ihre dynamischen

Potentiale für positive Zwecke zu mobilisieren und aus ihr eine wesentlich neuartige, formative Synthese abzuleiten, die weit über das Politische hinaus bis ins Sittliche und Religiöse reicht", so der Historiker.[22]

Ob links, rechts oder islamistisch, im Grunde sind Extremisten gleich: Sie vergöttern den Absolutheitsanspruch der eigenen Auffassungen und ihren Dogmatismus, sie unterteilen die Welt in Freund und Feind, aber auch die Liebe zu Fake News, Verschwörungstheorien und Fanatismus sind gleich. Hinzu kommen ihre Widersprüchlichkeit und ihr Narzissmus. Die trotzige Eigenliebe, häufig als Antwort auf biografische Zurückweisung, führt zu absonderlichem Verhalten, sprachlichen Abgründen, Hass und Gewaltbereitschaft. Sie erinnern an den Rattenfänger von Hameln. Sie sind keine Retter in der Not, sie sind Sirenen des Hades, Wegweiser in die Apokalypse.

4.3. Die AfD und das Klima

Seit der Bundestagswahl 2017 versucht die AfD gezielt, Menschen zu erreichen, die am menschengemachten Klimawandel zweifeln. Laut Parteiprogramm lehnt die Partei zudem erneuerbare Energien und Kohleausstieg ab und befürwortet den Rückbau von Windenergie.

Die AfD schreibt in ihrem Europawahlprogramm 2019:

„Das Klima in allen Klimazonen der Erde – von tropisch bis polar – wandelt sich naturgesetzlich, seitdem die Erde besteht. Ein konstantes Klima über längere Zeiträume gibt es nicht. Wir bezweifeln aus guten Gründen, dass der Mensch den jüngsten Klimawandel, insbesondere die gegenwärtige Erwärmung, maßgeblich beeinflusst hat oder gar steuern könnte."

Auf EU-Ebene arbeiten konservative und rechte Parteien Hand in Hand, wenn es um den Green Deal geht. Der „European Green Deal" ist ein Gesetzespaket der EU, das Europa zum klimaneutralen und emissionsfreien Kontinent machen soll. Die AfD lehnt dieses Gesetzespaket ab – und begründet es damit, dass bei Agrarpolitik die Zuständigkeit bei den Nationalstaaten liegen soll. Das AfD-Programm zum Klimaschutz ist überschaubar: Ja zu fossiler Energie und zur Kernkraft – Nein zur Windenergie.

In der Vorstellung der AfD haben erneuerbare Energien keinen Platz in Deutschlands Zukunft. Der Plan lautet stattdessen: „Wir haben Gas, wir haben Öl", sagte Steffen Kotré, energiepolitischer Sprecher der AfD-Bundestagsfraktion am 25. Mai 2023 bei Markus Lanz. Er fuhr fort: Gas komme wieder aus Russland. Wenn man sich geeinigt hat. „Wir haben vor allen Dingen Kernenergie. Kernenergie erlebt eine Renaissance." Sie sei aber „leider hier in Deutschland durch verschiedenste Grünen-Idiotien abgestellt worden". Atomenergie sei „die preiswerteste Energieform", die „instabilen Erneuerbaren" dagegen deutlich teurer, weil diese „immer noch subventioniert werden" müssten.

In einem Bericht der Wissenschaftlichen Dienste des Bundestags von 2022 steht jedoch: Laut mehreren Studien zu den Preisen in der EU und Deutschland zählt Kernenergie zu den teuersten Varianten, während Photovoltaik und Windenergie am günstigsten sind. Die AfD steht mit ihrer These, der Klimawandel sei nicht menschengemacht, allein:

„Kaum jemand streitet noch ab, dass es eine Erderwärmung gibt. Aber ist er auch menschengemacht? Obwohl eine überwältigende Mehrheit der Klimaforscher und Klimaforscherinnen überzeugt ist, dass der Mensch die Ursache des Temperaturanstiegs seit dem 19. Jahrhundert ist, zeigen sich Zweifler hartnäckig. Doch sie stehen auf verlorenem Posten. Das zeigt nun eine Überblicksstudie: Mehr als 99 % aller wissenschaftlichen Studien zum Thema erkennen menschliche Aktivitäten als Auslöser der Klimakrise an. Nach Aussage der Forscher/innen von der Cornell University ist damit der menschengemachte Klimawandel wissenschaftlich ebenso unumstritten wie die Evolution oder die Plattentektonik." [23]

Die AfD setzt weiter auf Atomenergie. Was spricht dagegen: Atomkraft ist eine Hochrisikotechnologie. Das zeigt sich nicht zuletzt am ukrainischen Atomkraftwerk Saporischschja. Auch in Frankreich wurden in den letzten Monaten mehrere Atomkraftwerke wegen Sicherheitsbedenken vom Netz genommen. Bis 2031 muss laut Gesetz ein Endlager-Standort gefunden sein. Das hält aber nicht nur der Präsident des Bundesamtes für die Sicherheit der nuklearen Entsorgung, Wolfram König, für unrealistisch. Alle bisherigen Zwischenlager haben nur zeitlich begrenzte Sicherheitsgarantien. Die radioaktiven Abfälle bedeuten große gesamtgesellschaftliche Kosten — und Risiken. Das Problem wird durch eine Laufzeitverlängerung nur größer, die Kosten werden auf kommende Generationen abgewälzt.

Eine Umkehr der Energiepolitik zur Priorisierung fossiler Energien, wie Atomkraft, Öl, Gas, würde eine große Chance für die grundlegende wirtschaftliche Modernisierung unseres Landes verhindern, mit der sich Deutschland vor steigenden Preisen für fossile Energien schützen, zukunftsträchtige Arbeitsplätze schaffen und zur führenden Exportnation umweltschonender Technologien werden könnte. Hinzu kommen Sicherheitsrisiken, die mit einer weiteren Nutzung der Atomenergie verbunden wären, und die Abhängigkeiten von Ländern, die fossile Energien fördern, aber gerade im arabischen Raum politisch nicht als dauerhaft stabil einzuschätzen sind.

Die AfD setzt auf die Verunsicherung der Bevölkerung, die das vom Ukraine-Krieg verursachte Energiechaos nicht mehr überblickt, oder sie setzt auf wirtschaftliche Interessen bestimmter Zielgruppen.

Der Mitteldeutsche Rundfunk berichtet: „Herbst 2019: Tausende Landwirtinnen und Landwirte fahren mit ihren Traktoren nach Berlin, um gegen das Agrarpaket der Bundesregierung und Verschärfungen der Düngemittelverordnung zu demonstrieren. Die AfD solidarisiert sich damals als einzige Partei des Bundestages mit den Protesten. Scheinbar mit Erfolg: Bei der letzten Landtagswahl in Sachsen wählten 34 % der Landwirte die AfD, wie eine Umfrage der Forschungsgruppe Wahlen zeigt."

4.4. Die AfD und die Steuern

4.4.1. Vermögens- und Erbschaftssteuer

Die Erbschaftsteuer (7 Milliarden €) soll laut Forderungen der AfD abgeschafft werden. Eine Vermögensteuer soll es mit der AfD nicht wieder geben.

Allein dem reichsten 1 %, das entspricht etwa 840.000 einzelnen Personen, gehört etwas mehr als ein Drittel aller Vermögen in Deutschland. Insgesamt besitzen die wohlhabendsten 10 % der Haushalte zusammen etwa 60 % des Gesamtvermögens netto, abzüglich Schulden. Die unteren 20 % besitzen gar kein Vermögen. Etwa 9 % aller Haushalte haben negative Vermögen, sind verschuldet. Die Zahlen beruhen auf konservativen Schätzungen, das wahre Ausmaß der Ungleichheit könnte noch größer sein. Schließlich sind hohe und sehr hohe Vermögen in den meisten Statistiken untererfasst – die Stichproben beruhen oft auf freiwilligen Umfragen, an denen sich Multimillionäre oder Milliardäre in der Regel nicht beteiligen.[24]

Die Erbschafts- und Schenkungsteuer ist eigentlich dazu gedacht, die Chancen von Menschen in diesem Land etwas anzugleichen. Der Grundgedanke dabei ist auch, dass besonders gesegnete Erben mehr abgeben können als Menschen, die weniger vermacht bekommen.

In der Realität ergibt sich jedoch ein anderes Bild. 2019 zahlten Erben und Beschenkte bei einem Volumen von über 20 Millionen Euro im Schnitt einen deutlich niedrigeren Steuersatz als Menschen, die geringere Vermögen erhielten. Die 127 größten Schenkungen mit einem Volumen von 12 Milliarden Euro wurden mit weniger als 1 % besteuert, während bei vielen kleineren Erbschaften ein Satz von 30 % anfiel.[25]

In Deutschland ist der Anteil der Reichen, die ihr Vermögen geerbt haben, besonders groß. Gut 28 % der deutschen Multimillionäre verdanken ihren Wohlstand allein dem Erbe. Das ist – neben der Schweiz – der höchste Wert aller untersuchten Länder. Bei 31 % geht der Reichtum demnach auf eine Mischung aus Erbe und selbsterwirtschaftetem Vermögen zurück. Lediglich 41 % haben es ohne Erbe zu Reichtum gebracht.

Die Erbschaftssteuer abzuschaffen käme einer Verhöhnung der Normalbürger gleich. Erbschaften und Schenkungen verschärfen die Ungleichheit. Wir benötigen keine Neiddebatte, aber eine sachliche Diskussion, wie wir Vermögen fairer verteilen. Und das geht ohne Vermögensabgaben und Erbschaftssteuern nicht.

4.4.2. Umsatz- und Einkommenssteuer

Die AfD schlägt vor, sich auf die beiden großen Steuerarten Umsatzsteuer und Einkommensteuer zu konzentrieren und andere Verbrauchssteuern auf Bundesebene zu streichen. Auch die Grundsteuer und die Grunderwerbsteuer möchte die Partei abschaffen.

Die AfD zeigt sich großzügig: So verspricht sie, die Mehrwertsteuer um 7 % zu senken. Allein das würde Bund, Länder und Gemeinden nach einer Faustformel des Finanzministeriums 80 Milliarden Euro im Jahr kosten.

4.4.3. Das Bankgeheimnis wieder herstellen

Die AfD will wieder ein strenges Bankgeheimnis: als Schutzmacht für Steuerbetrüger. Die Reichen freut es, doch Otto Normalbürger hat kein Nummernkonto in der Schweiz, in Liechtenstein oder in einer anderen Steueroase.

Fazit: Die AfD will durch Vereinfachung des Steuersystems geringe Einkommen entlasten – behauptet sie. Das Gegenteil wäre der Fall: Die in Aussicht gestellten Maßnahmen kämen im Wesentlichen den Reichen zugute.

4.5. Die AfD-Sozialpolitik

Seit einigen Jahren versucht die AfD, sich von ihrem Image als neoliberale „Professoren-Partei“ zu befreien und stattdessen als Kämpferin für soziale Gerechtigkeit sowie „den kleinen Mann“ aufzutreten.

Sie steht für die Privatisierung staatlicher Infrastruktur sowie die Zerschlagung gesetzlicher Sicherungssysteme wie der Renten-, Arbeitslosen-, Kranken- und Unfallversicherung. Das Ziel ist der Rückzug des Staates auf allen Ebenen. Die soziale Sicherung soll auf die Familie übertragen werden.

„Weder im Bundestagswahl- noch im Europawahlprogramm der AfD lässt sich ein ausgefeiltes sozialpolitisches Profil finden. Es wird lediglich von einem 'Schutz der Familie als Keimzelle der Gesellschaft' gesprochen, die künftig den Staat von Unterstützungsleistungen befreien soll.“ [26]

In der Berichterstattung und der öffentlichen Wahrnehmung über das amerikanische Sozialleistungssystem werden vor allem zwei Themen als charakteristisch in den Vordergrund gestellt: einerseits die private Selbstverantwortung und die privatwirtschaftliche Organisation bei der Lösung sozialpolitischer Probleme, zum anderen das Vorhandensein einer weitverbreiteten Armut in der Bevölkerung. Dieser Umstand erklärt sich aus der Tatsache, dass es in den USA kein national einheitliches System für alle Bereiche der sozialen Sicherung gibt. In Deutschland hingegen sind die Sozialversicherung mit den Risiken Alter, Krankheit, Unfall, Arbeitslosigkeit und Pflege sowie die Sozialhilfe als Kernbereiche der sozialen Sicherung bundesweit einheitlich geregelt und haben eine lange Tradition. Wollen wir die Armut bei uns erheblich verstärken? Wollen wir die Familien allein lassen bei der Versorgung und Pflege ihrer Angehörigen?

4.6. Neoliberaler Marktradikalismus und „völkischer Antikapitalismus“

Wirtschaftspolitisch steht die AfD zwischen einer elitär-marktradikalen, eher neoliberalen ökonomischen Grundausrichtung („nicht das Sozialamt der Welt“, „Partei der Leistungsträger“) sowie den Politikverdrossenen, die ein Ventil für ihren Protest gegenüber den „Altparteien“ und den als „Sozialtouristen“ diffamierten Einwanderern suchen. Da können antikapitalistische Züge durchaus helfen, denn die wirtschaftlichen Eliten sind es doch auch, die uns „verkauft haben“ und unterdrücken.

Steht hinter der AfD-Rhetorik tatsächlich eine politische Praxis, die die Interessen von Arbeitnehmern/innen und von sozioökonomisch Benachteiligten vertritt? Auf welche wirtschafts- und sozialpolitischen Traditionen beruft sie sich in der Arbeit des Bundestages sowie seiner Fachausschüsse, fernab von Kameras und Mikrofonen, Podien und Selbstdarstellungsmöglichkeiten auf Social-Media? Die Otto Brenner Stiftung, die Wissenschaftsstiftung der IG Metall, wollte es wissen und hat ein Forscherteam des Instituts für die Gesamtanalyse der Wirtschaft an der Johannes-Kepler-Universität Linz (Österreich) mit der Beantwortung dieser Fragen beauftragt.

„Die Ergebnisse sind bemerkenswert eindeutig. Hinsichtlich ihrer allgemeinen wirtschafts- sowie ihrer konkreten handels- und energiepolitischen

Ausrichtung positioniert sich die AfD eindeutig neo- und ordoliberal. Auch ihre Kritik an Euro und Europäischer Zentralbank greift häufig auf die Vokabeln dieser Wirtschaftsschulen zurück: Die 'Marktwirtschaft' gilt ihr als 'natürliche' und 'nachhaltige Wirtschaftsordnung', freier Handel, Konkurrenz, Entbürokratisierung und Wettbewerbsfähigkeit gelten als Lösungen (fast) aller Probleme. Staatliche Regulierungen oder gar Eingriffe in Marktprozesse werden als 'verzerrend' und 'manipulierend' weitgehend abgelehnt, die Selbstregulierungskräfte der Märkte hofiert. Lediglich auf dem Feld der Arbeitsmarkt- und Rentenpolitik sowie in ihrer Haltung zum Wohlfahrtsstaat weicht die Partei hin und wieder von ihrer strikt neoliberalen Ausrichtung ab. Diese ideologischen Traditionslinien schlagen sich im Abstimmungsverhalten der Abgeordneten nieder: Bei den im Untersuchungszeitraum im Bundestag zur Abstimmung vorgelegten Anträgen, die sich mit der grundlegenden Gestaltung des Sozialstaates beschäftigten, stimmten die AfD-Abgeordneten in 75 % der Fälle wie die Abgeordneten der FDP – fast immer gegen Anträge, die einen Erhalt oder Ausbau sozialstaatlicher Leistungen forderten, und fast immer für solche, die sozialstaatliche Maßnahmen einschränken wollten. Die soziale Rhetorik, das zeigen die Ergebnisse der Untersuchung deutlich, sind die oberflächliche Fassade einer Partei, die in ihren wirtschaftspolitischen Vorstellungen fest in neo- und ordoliberale Denktraditionen eingebunden bleibt. In ihrer parlamentarischen Praxis argumentiert, streitet und – nicht zuletzt – stimmt sie weitgehend gegen die Interessen der arbeitenden Bevölkerung in Deutschland." [27]

Die Studie kommt zum Ergebnis: „Soziale Rhetorik, neoliberale Praxis". Untersucht wurden auch alle Anträge, Gesetzesentwürfe und Redebeiträge der AfD-Fraktion im Bundestag zu wirtschafts- und sozialpolitischen Themen von 2017-2020. Die „Analyse der Wirtschafts- und Sozialpolitik der AfD", so der Untertitel der Untersuchung, umfasst darüber hinaus programmatische Texte der Partei (Grundsatz- und Wahlprogramme) sowie ihre Aktivitäten in den entsprechenden Fachausschüssen des Parlamentes." [28]

Soweit diese entlarvende Studie. Wer unter der Hochleistungs- und Wettbewerbsgesellschaft leidet, sehnt sich nach emotionaler Nestwärme, die Rechtsextremisten im Schoß der Traditionsfamilie, einer Truppe von Gleichgesinnten, sei es die Jugendgruppe mit Lagerfeuerromantik oder die Wehrsportgruppe mit der Faszination von Schusswaffen, der geliebten Heimat und der deutschen Volksgemeinschaft bieten wollen, wie es der Politikwissenschaftler Christoph Butterwegge formuliert: [29]

„Auch das renommierte Mittelstandsmagazin 'Markt und Mittelstand' fordert Unternehmen auf, nach innen wie nach außen die AfD als das zu brandmarken, was sie ist: wirtschaftsfeindlich hoch zehn. Mal abgesehen von der Abschaffung des Euro täten Grenzzäune den Unternehmen sicherlich nicht gut. Politik, die den Klimawandel abmildern will, lehnt die AfD ab, was denen, die gerade Elektroautos bauen, genauso schlecht bekommt wie der Industrie im Ganzen, die sich gerade umstellt. Die AfD ist gegen die Transformation und hilft, das Grab der deutschen Industrie zu graben."[30]

Marie-Christine Ostermann, Präsidentin des Wirtschaftsverbands „Die Familienunternehmer": „Eine Art Volksfront aller Parteien gegen die AfD löst kein einziges Problem. Der reflexhafte Schrei, jetzt müsse die Demokratie verteidigt werden – oder gar der Vorwurf, jede Kritik an der Ampel stärke nur die AfD, bestärken die enttäuschten Bürger, dass ihre Probleme nicht gelöst werden ... Der Kanzler scheint der Einzige zu sein, der diese Zusammenhänge verstanden hat. Er sagt, dass die AfD erst wieder kleiner wird, wenn seine Regierung die Probleme der Menschen gelöst hat. Daran werden wir Unternehmer die Regierung lautstark erinnern. Denn für unsere Unternehmen und unsere Mitarbeiter ist eine starke AfD nicht nur wegen ihrer extremistischen Positionen gefährlich. Diese Partei will raus aus der EU. Zugegeben, aus Brüssel kommt derzeit grauenhaft viel und teure Bürokratie – aber dennoch: Der Europäische Binnenmarkt ist die Basis für die Stärke unserer Wirtschaft und damit unseres Landes. Die Briten mussten teuer für ihren Brexit bezahlen, in diese Sackgasse dürfen wir nicht laufen.

Für uns Unternehmer ist die AfD aus einem weiteren Grund gefährlich. Rechtssicherheit ist für jeden Unternehmer ein ganz hohes Gut. Ein Staat, der wie Russland das Völkerrecht mit Soldatenstiefeln zerstampft, hält sich auch nicht an Zivilrecht oder Geschäftsverträge.

Die AfD hat keine schlüssigen Lösungen für die großen Herausforderungen.

Überhaupt ist die regelbasierte Weltordnung, wie sie nach dem Zweiten Weltkrieg aufgebaut wurde, eine tragende Säule für die internationalen Wirtschaftserfolge unserer Unternehmen und unserer Nation ...

Zwei Drittel der deutschen Exporterfolge stammen aus dem Mittelstand. Eine AfD, die Putins Imperialismus verteidigt, gefährdet die Basis unseres Unternehmertums. Und noch ein Grund spricht gegen die AfD: Es ist unverantwortlich, wie die Partei nicht zu unterscheiden weiß zwischen der ungesteuerten Zuwanderung in unsere Sozialsysteme und der Zuwanderung von dringend benötigten Fachkräften in unseren ausgedünnten Arbeitsmarkt. Eine solche Haltung beschleunigt die Deindustrialisierung Deutschlands noch. Und Deindustrialisierung führt direkt zu instabilen politischen Verhältnissen. Die AfD hat keine schlüssigen Lösungen für die großen Herausforderungen unserer Zeit. Aber viele Menschen nutzen sie als Resonanzboden für ihren berechtigten Protest." [31]

Auch die deutschen Wirtschaftsverbände befürchten bei Wahlerfolgen der AfD Risiken für den Standort Deutschland. Das geht aus einer Befragung des arbeitgebernahen Instituts der deutschen Wirtschaft hervor. Demnach erwartet knapp die Hälfte der Befragten, dass Unternehmen in AfD-Hochburgen Schwierigkeiten bekommen, ausländische Fachkräfte zu gewinnen.

Langfristig sehen 85 % der Unternehmen außerdem die Handlungsfähigkeit von Landesregierungen in Gefahr. Für das Stimmungsbild wurden die Hauptgeschäftsführer der zentralen deutschen Unternehmerverbände befragt, unter anderem BDI (Bundesverband der Deutschen Industrie) und BDA (Bundesvereinigung der Deutschen Arbeitgeberverbände).[32]

4.7. Die AfD und ein vereintes Europa

Gerade war der Leitantrag für die Europawahlversammlung der AfD öffentlich geworden, da berichteten viele Medien über die Präambel, aus der eine deutliche Verschärfung der bisherigen Parteiposition hervorging. Darin steht, die AfD strebe „die geordnete Auflösung der EU an" und stattdessen eine neue europäische Wirtschafts- und Interessengemeinschaft.

Geschrieben hat den Leitantrag die Bundesprogrammkommission, der auch die Parteivorsitzenden Alice Weidel und Tino Chrupalla angehören. Doch zwei Wochen vor der Europawahlversammlung in Magdeburg will die Bundesprogrammkommission von der geordneten Auflösung der EU plötzlich nicht mehr sprechen. Dass solch gravierende Forderung ohne Beschluss der Bundesprogrammkommission redaktionell „aus Versehen" in einen Leitantrag gerät, klingt skurril. Aus Parteikreisen heißt es, vor allem Alice Weidel habe im EU-Auflösungsstreben ein Problem gesehen, daher die Umformulierung. Auch die Formulierung aus dem Bundestagswahlprogramm 2021 habe sie für ungeeignet gehalten. Damals hatte die AfD geschrieben, sie halte einen Austritt Deutschlands aus der EU für notwendig. Im Interview mit dem „Stern" erklärte Weidel, sie wolle einen „Rückbau" der EU. Grundsätzlich mache „das Konstrukt Sinn", beispielsweise in der gemeinsamen Sicherheits- und Verteidigungspolitik.[33] „Wir halten die EU aber für nicht reformierbar und sehen sie als gescheitertes Projekt."

Aus der Präambel zum AfD-Wahlprogramm für die Europawahl 2024:

„Daher streben wir einen 'Bund europäischer Nationen' an, eine neu zu gründende europäische Wirtschafts- und Interessengemeinschaft, in der die Souveränität der Mitgliedsstaaten gewahrt ist."

Die AfD hat sich die Neugestaltung der EU zum Ziel gesetzt. In der Präambel heißt es auch, die AfD stehe für die Idee eines „Europas der Vaterländer, einer europäischen Gemeinschaft souveräner, demokratischer Staaten". Die Rede ist vom „vollständigen Versagen der EU in allen Bereichen, die Europa existenziell betreffen". Genannt werden Migrations- und Klimapolitik, die generell abgelehnt wird. Der Text wiederholt auch die Ablehnung des Euro und die Kritik an EU-Sanktionen, ohne Russland zu nennen.[34]

In der Welt von heute werden nur noch große Einheiten zur Kenntnis genommen. Ich berichte von einer Pressekonferenz, die während des Besuchs der Außenministerin in Indien stattfand. Der indische Ministerpräsident wurde von einem Journalisten gefragt, auf wessen Seite er im Ukraine-Krieg stehe. Narendra Modi antwortete: „Auf meiner Seite. Bitte bedenken Sie. Ich regiere das größte Volk der Erde. Indien ist die fünftgrößte Volkswirtschaft der Welt, im kommenden Jahr rücken wir auf Platz vier vor, da wir Deutschland überholen. Ich brauche keine andere Seite. Wir wollen mit allen friedlich zusammenleben, aber auf eine andere Seite als die eigene muss ich mich nicht schlagen." Bei einem Besuch in Indien vor einigen Jahren hatte auch ich Gelegenheit, mit dem damaligen Ministerpräsidenten zu sprechen. Ich sprach ihn auf die vielen Millionen Menschen an, die in Indien in großer Armut leben. Die Antwort: „Ja, das ist eine Herausforderung; aber bedenken Sie, wir haben fast so viele Millionäre, wie Sie in Deutschland Menschen haben." Die globalisierte Welt denkt nicht mehr in Ost-West-Kategorien. Daran müssen wir uns gewöhnen. Daher brauchen wir eine starke europäische Gemeinschaft.

Was passiert, wenn ein Mitglied die EU verlässt, haben wir an Großbritannien gesehen. Großbritannien versprach sich nach dem Brexit viel für die heimische Wirtschaft. Doch drei Jahre nach dem Austritt aus der EU ist die Erfolgsbilanz mager. Dieses Jahr dürfte das Land als einzige große Volkswirtschaft in eine Rezession rutschen. Die Deutsche Industrie- und Handelskammer (DIHK) fasst die Bilanz des Brexit als „wirtschaftliches Desaster" für Großbritannien und die EU zusammen. Zum dritten Jahrestag des Brexits findet DIHK-Präsident Peter Adrian keine warmen Worte zum Austritt des Vereinigten Königreichs aus der EU. Für deutsche Unternehmen herrsche weiterhin eine erhebliche Planungs- und Rechtsunsicherheit. „So besteht die Gefahr von Handelskonflikten, weil Großbritannien sich vom EU-Austrittsabkommen distanziert.“ [35]

Die wirtschaftliche Bilanz des Vereinigten Königreichs drei Jahre nach dem Brexit ist mager. Das lässt sich auch an den Handelszahlen erkennen. „Während Großbritannien im Jahr 2016 noch drittwichtigster Exportmarkt Deutschlands war, ist das Land im Jahr 2022 auf Platz acht abgerutscht“, so der DIHK-Präsident. In diesem Jahr könnte das Land laut der bundeseigenen Gesellschaft Germany Trade and Invest (GTAI) sogar erstmals in der jüngeren Geschichte aus den Top Ten der deutschen Handelspartner fallen. Der Brexit hat einer aktuellen Studie zufolge z.B. den Ärztemangel in Großbritannien stärker verschärft als erwartet. Während in der EU die Inflationsraten auf dem Rückzug sind, kämpfen die Briten mit hartnäckig hohen Preisen. Das liegt auch an den hohen Löhnen auf der Insel – und dem Brexit. Auch gibt es ein deutlich schwächeres Investitionswachstum in Großbritannien seit dem Brexit. Der Opel-Mutterkonzern Stellantis fordert von der britischen Regierung, den Brexit-Vertrag mit der EU nachzuverhandeln. Andernfalls drohen Werksschließungen und Jobabbau, denn die Produktionskosten für E-Autos laufen aus dem Ruder. Die britische Regierung will entgegen eines Brexit-Versprechens doch nicht Tausende noch gültige Gesetze aus der EU-Zeit bald abschaffen. Das berichteten „Telegraph“ und „Financial Times“ unter Berufung auf eine Sitzung der konservativen Parlamentariergruppe European Research Group (ERG). Wirtschaftsministerin Kemi Badenoch soll den Brexit-Hardlinern der ERG mitgeteilt haben, nur 800 der 4000 aus der Zeit der britischen EU-Mitgliedschaft (1973-2020) stammenden Gesetze würden bald ungültig.

Das Wettern gegen die EU mag beim Stimmenfang nützlich sein, weil die EU als intransparenter, bürokratischer Molloch gesehen wird; ein Austritt Deutschlands aber würde uns isolieren und wirtschaftlich schwächen. Im Übrigen: Mit dem EU-Lobbyregister ist Brüssel Berlin und anderen Hauptstädten weit voraus. Nur 6 % des EU-Haushalts werden für Personal und Verwaltung aufgewendet, während 94 % den Menschen in den Mitgliedstaaten zugute kommen. Der Euro ist eine stabile und sichere Währung, inzwischen die zweitwichtigste Währung der Welt. In einem sich rasch wandelnden internationalen Umfeld kann Europa seine Wirtschaftskraft und sein Netz der sozialen Sicherheit nur mit einem starken Binnenmarkt und einer global bedeutsamen Währung wahren.

Denken wir zurück: Vor 1985 konnten wir nicht mal so nach Holland oder Italien fahren. Es gab Grenzkontrollen und Auflagen je nach Land, auch brauchte man die jeweilige Landeswährung und wurde beim Umtausch übers Ohr gehauen. Dann kam das Schengener Abkommen sowie der Euro und ganz Europa konnte ungehindert bereist werden. Jeder Unionsbürger hat das Recht, ohne Visum in die Mitgliedstaaten der EU plus Island, Liechtenstein, Norwegen und Schweiz zu reisen. Sie dürfen sich dort drei Monate aufhalten. Das Recht zum Aufenthalt von mehr als drei Monaten genießen Unionsbürger, die über ausreichende eigene Existenzmittel und Krankenversicherungsschutz verfügen.

4.8. Die AfD und die Bildungspolitik

Laut eigenem Programm will die AfD die selbstgesteuerte Kompetenzorientierung, also eine Akzentverschiebung von Stoffzielen zu Könnenszielen, von Inhalten zu Lernprozessen, an deutschen Schulen abschaffen. Des Weiteren lehnen sie eine Angleichung des deutschen Bildungswesens an international akzeptierte Standards ab. Auch meinen sie, an unseren Schulen würden Ideologien gelehrt, und wollen den Islamunterricht an Schulen nicht dulden. Darüber hinaus lehnen sie Antidiskriminierungsgesetze ab.

Der Deutsche Mittelstandsbund (DMB) kritisierte in seiner Analyse des AfD Bildungsplans alle Aspekte scharf. Entweder fehlen wichtige Aspekte in Bezug auf die Verwirklichung von Zielen, oder die Prozesse würden dem Land auf Dauer schaden. In Bezug auf den Wunsch, die gegenseitige Anerkennung von Studienleistungen und Studienabschlüssen sowie Qualitätssicherung in der Bildung in ganz Europa, abzuschaffen, hat der DMB folgendes Urteil: „Eine Rückabwicklung des Bologna-Prozesses wäre nicht nur mit hohem Aufwand für die Hochschulen verbunden, sondern würde auch die qualifizierte Zuwanderung aus dem gesamten europäischen Ausland erschweren, da das Bologna-System zu einer deutlichen Vereinfachung bei der Anerkennung ausländischer Studienabschlüsse geführt hat."

In der Vergangenheit wurden einige Aktionen und Pläne für mehr Inklusion in Schulen ins Leben gerufen, also Strukturen, die es jedem Menschen – auch den Menschen mit Behinderung – ermöglichen, von Anfang an ein wertvoller Teil der Gesellschaft zu sein, mit nicht behinderten Menschen gemeinsam zu arbeiten, zu wohnen und die Freizeit zu verbringen. Pläne, die durch die AfD bedroht werden. Behinderte sollen keinen Platz an Regelschulen haben, Gleichstellungsbeauftragte sollen abgeschafft werden, und auch die Haltung gegen andere Minderheiten ist klar negativ. Geschlechterquoten sind ebenfalls unbeliebt bei der Partei, da diese laut AfD das „traditionelle“ Bild der Frau diskriminieren. Wenn die AfD schon jetzt behinderte Personen aus dem „normalen“ Unterricht verbannen will, so sind ähnliche Maßnahmen gegenüber anderen Personengruppen, die nicht dem AfD-Ideal entsprechen, ebenso möglich. Vor allem, wenn die Aktionen der Partei die Schule zum Ort von Partei und Ideologie machen sollen:

„Die sogenannte 'neue Lernkultur', die den klassengeführten Unterricht durch selbstgesteuertes, kompetenzorientiertes Lernen ersetzt, hat zu massivem Leistungsabbau bei den Schülern geführt. In fast allen Bundesländern haben sich nach der Aufregung um 'PISA' Bildungspolitiker und Schulaufsicht zu Handlangern der Testindustrie machen lassen. Eine Reform jagt die andere mit kontinuierlicher Absenkung des Niveaus“, klagt die AfD. Sie lehnt den Einfluss von internationalen Konzernen, Stiftungen und anderen Lobbygruppierungen auf unser Bildungssystem und unsere Zukunftsfähigkeit ab.

„Eine Ökonomisierung und Globalisierung des deutschen Bildungswesens wird es mit uns nicht geben.“ [36] Dazu der Deutsche Mittelstandsbund: Positiv hervorzuheben sei das Ziel, die Schulbildung stärker an den Anforderungen von beruflicher Ausbildung und Studium auszurichten. Doch fehlen zentrale Aspekte wie verstärkte Investitionen in die Ausstattung der Schulen und in die Lehrerausbildung zur Verbesserung der Bildungsqualität.

Das Thema der Weiterbildung von Erwachsenen (Lebenslanges Lernen) wird von der AfD nicht behandelt, obwohl es zentral zur Steigerung des Erwerbspotenzials und der Fachkräftesicherung ist.[37]

Auf weitere Aspekte der AfD-Bildungspolitik macht der ASTA (Allgemeiner Studierendenausschuss) der Technischen Universität Berlin aufmerksam:

„Neuere Schulkonzepte werden abgelehnt, Inklusionsbemühungen sollen eingestellt werden. Der Zugang zu universitärer Bildung soll durch Leistungssteigerungen in der Lehre und höhere Zugangsvoraussetzungen beschränkt werden. Nur Menschen mit ausreichenden materiellen Voraussetzungen können diese Anforderungen erfüllen.“

Die AfD will also sozial Benachteiligten, denen, die 40 Stunden in der Woche hart arbeiten, aber trotzdem keine finanziellen Mittel für eine Schulausbildung ihrer Kinder haben, diese verwehren. Ein Rückschritt ins 19. Jahrhundert. Wie kann man auf eine so absurde Idee kommen?

Flankiert werden diese neoliberalen Vorschläge vom Verweis auf die Freiheit der Wissenschaft mit Augenmerk auf politisch-ideologische Freiheit.

Unterstellt wird, dass ein Teil der Bildungsinhalte wie der Sexualkundeunterricht durch nicht beschriebene Lobbygruppen dominiert wird. Unliebsame Studienrichtungen wie Migrationsforschung und Geschlechterstudien werden als „pseudowissenschaftlich" diffamiert, ihre Abschaffung wird gefordert. Der Sexualkundeunterricht an Schulen soll auf ein Mindestmaß reduziert werden, und die Aufklärung über Lebensmodelle und sexuelle Orientierungen abseits des traditionellen Familienbilds soll ganz verschwinden.

„Hier tritt die Widersprüchlichkeit der Partei einmal mehr zu Tage. Die geforderte Ideologiefreiheit und weltanschauliche Neutralität bedeutet im Sinne der Partei vielmehr die Stärkung bzw. Übernahme eigener ideologischer Vorstellungen." [38]

In der Bildungspolitik macht die AfD eine Rolle rückwärts. Die Vielfalt unseres Schulsystems – das dreigliedrige Angebot von Hauptschule, Realschule und Gymnasium, die Gesamtschulen, die Gemeinschaftsschulen und die Ganztagsschulen, aber auch private Angebote, etwa die Waldorfschulen – soll gewährleisten, dass jedes Kind eine auf seine Bedürfnisse und Möglichkeiten ausgerichtete Bildung bekommt. Eine Rückkehr allein zum dreigliedrigen System würde viele – gerade schwächere – Schüler/innen erheblich benachteiligen. Die Einheitsschule, die die AfD als vermeintliches Ziel der bei uns Regierenden an die Wand malt, gibt es nicht.

Man könnte jedoch sagen, die Rückkehr zum dreigliedrigen Schulsystem wäre ein Schritt in Richtung Einheitlichkeit, da die Durchlässigkeit des Schulsystems nicht mehr gegeben wäre und auf die unterschiedlichen Entwicklungsschübe der Schüler/innen keine Rücksicht mehr genommen würde. Das würde dazu führen, wie es ehedem war, dass man sich ausschließlich in einer Blase bewegt, wie es mir auf dem Gymnasium gegangen ist. So fehlte der Kontakt zu anderen Kindern, die teils viel praktischer veranlagt waren als man selbst oder andere Sportarten bevorzugten.

4.9. Die AfD, der öffentlich-rechtliche Rundfunk und die Meinungsbildung

Wenn in der AfD über den öffentlich-rechtlichen Rundfunk gesprochen wird, geht es ohne politische Angriffe auf Journalisten von ARD und ZDF nicht ab. So meinte der rheinland-pfälzische AfD-Landtagsfraktionsvize Joachim Paul, man habe es beim Personal jener Sender „in erster Linie mit Aktivisten statt mit Journalisten zu tun". Dort herrsche „informelle Abhängigkeit von den Altparteien". Und die, so Paul, „verzerrt das Bild der AfD". Viele Kritiker des öffentlich-rechtlichen Rundfunks behaupten das Gegenteil und werfen dem öffentlich-rechtlichen Rundfunk vor, der AfD zu viel Sendezeit zu widmen und so zum Erfolg der Partei beigetragen zu haben.

In einer Pressemitteilung der AfD-Nordrhein-Westfalen heißt es:

„Neben 22 TV- und 67 Hörfunksendern, die sich inhaltlich meistens nur marginal von privaten Angeboten unterscheiden, breiten sich ARD, ZDF und Deutschlandradio auch im Internet zunehmend aus – zu Lasten privatwirtschaftlicher Anbieter und damit der Meinungsfreiheit."

Wieviel Wahrheit steckt in diesem Satz? Jedes Jahr analysiert das Institut für empirische Medienforschung in Köln das Angebot der fünf großen TV-Sender (ARD, ZDF, RTL, Sat.1 und Pro Sieben). Das Ergebnis: In der Kategorie „Information" führt das ZDF mit einem Programmanteil von 44 %, die ARD liegt mit 39 % knapp dahinter. Das ZDF sendet so viel Informationsprogramme wie die privaten Anbieter zusammen. Bei RTL sind es 23 %, bei Sat.1 14 %, bei Pro Sieben 8 %. In anderen Studien finden sich ähnliche Ergebnisse. Der Informationsanteil bei kleineren privaten Sendern wie VOX, RTL Zwei und Kabel 1 liegt noch unter dem von Pro Sieben.[39]

Eins aber vergisst die AfD bei ihren Überlegungen zur Meinungsfreiheit in Deutschland: Die Prozesse der Meinungsbildung und damit die Grundlagen demokratischer Entscheidungen von Bürgern/innen durch die digitale Revolution verlagern sich immer mehr ins Internet. Der Anteil des Netzes unter den meinungsbildenden Medien ist laut der MedienGewichtungsStudie 2018 der Medienanstalten schon vor fünf Jahren auf knapp 27 % gestiegen. Unter den 14-29jährigen liege der Wert sogar bei knapp 54 %. Mehr als die Hälfte der täglichen Reichweite von sozialen Medien und Suchmaschinen entfällt laut der Studie mittlerweile auf eine Nutzung, die für die Meinungsbildung eine Rolle spielt.

Früher waren die großen Medienhäuser und Rundfunkanstalten die „Gatekeeper". Sie waren Wächter über Nachrichten und Informationen. Informationen wurden überprüft, bevor sie verbreitet wurden, und aussortiert, wenn sie sich als falsch erwiesen. Es gab also eine Qualitätskontrolle. Ist es nicht auch problematisch, wenn wenige große Medienhäuser kontrollieren, welche Informationen die Bevölkerung erreichen? Ja, das war eine Herausforderung, und in der alten Medienordnung wurde viel darüber diskutiert, wie man trotzdem eine unabhängige und freie Qualitätssicherung gewährleisten könne. Jetzt aber haben wir andere Probleme: Die komplette Öffnung der Medienwelt führt dazu, dass sich z.B. Inhalte wie Fake News, also Nachrichten, die nicht auf Fakten basieren, weit verbreiten. Heute gibt es quasi keine Qualitätskontrolle mehr. Das konnte in der alten Medienordnung kaum passieren: Die Verlagshäuser mussten auf ihre Glaubwürdigkeit achten und deshalb sorgfältig arbeiten.

In der neuen Medienordnung ist es anders: Für den Einzelnen hat es keine Auswirkungen, wenn er etwas Falsches glaubt und verbreitet. Es gibt wenig Anreize, Inhalte zu hinterfragen. Vielmehr bilden sich die Menschen in den „sozialen Medien" ihre Meinung. Hier sind sie unter sich mit Gleichgesinnten, Gleichaltrigen und Menschen ähnlicher Bildung. Hier bestätigen sich die Menschen gegenseitig, andere Meinungen finden nicht statt, der Dialog mit Andersdenkenden entfällt. Diese Entwicklung gefährdet die objektive Meinungsbildung in unserem Land, nicht der öffentlich-rechtliche Rundfunk. Und hiervon versteht die AfD eine Menge.

„Die 'Alternative für Deutschland' wird oft als die erste 'Facebook-Partei' Deutschlands bezeichnet. Dort folgen ihr 519.000 Menschen. Die Linke hat beispielsweise 242.000 Fans, Schlusslicht ist die FDP mit 149.000 Likes. Die AfD hat also mit Abstand die meisten Fans auf Facebook. Warum ist sie im Netz so erfolgreich? Weil sie ihre 'Lieblingsthemen', wie Migration oder Corona, oft wiederholt. Zudem triggern die Posts sehr bewusst negative Gefühle. Das sagt auch Politikberater und Blogger Martin Fuchs:

'Wut, Empörung, Angst. Das sind Sachen, die die Algorithmen der Plattform sehr gut finden. Weil es viele Interaktionen zieht und die Leute lange auf der Plattform hält. Und die Inhalte werden besser ausgespielt. Und das hat dazu geführt, dass sie eine Community geschaffen haben, ein geschlossenes Weltbild ... in der sich die Menschen wohlfühlen.'

Außerdem verletzt die AfD Grenzen und provoziert. Wenn sie beispielsweise 'den Genderwahnsinn stoppen' will oder von 'importierter Messerkriminalität' spricht. Das seien aber keine Ausrutscher, sagt Martin Fuchs:

'Das ist mit eingepreist, dass andere sich über die Partei aufregen und sie in die Mitte des Diskurses treiben. Und das führt dann dazu, dass klassische Medien über sie berichten und dass ihre Themen diskutiert werden.'

Und die AfD arbeitet mit Halbwahrheiten und Fake-News. Das haben 'Die Insider' auch dem Recap-Redaktionsteam bestätigt. Die Recherchegruppe ist auf Facebook in AfD-nahen Gruppen unterwegs:

'Es geht darum, gezielt Hass zu schüren, auf Meinungsgegner, den Staat und seine Vertreter ... Mit aggressiver Rhetorik fallen immer weitere Hemmschwellen. Die Gruppen vermitteln ihren Mitgliedern, sie seien Opfer des Systems, das man zum Sturz bringen muss.'"

Die drei größten AfD-Accounts sind auf YouTube erheblich erfolgreicher als die der anderen Parteien. Der AfD-Bundestagfraktion folgen 307.000 Menschen. Zum Vergleich: Den Grünen nur 26.000, der CDU nur 17.000.

Unter den AfD-Politikern ist die Fraktionsvorsitzende Alice Weidel besonders reichweitenstark. Ihr YouTube-Account hat 149.000 Follower.[40]

4.10. Die AfD, die Familie und das Gendern

Die Debatte um gendergerechte Sprache hält der größte Teil der Befragungsteilnehmerinnen und-teilnehmer einer MDR-Umfrage für unwichtig und lehnt das Gendern in sämtlichen Kontexten ab, beispielsweise in den Medien oder der Werbung. Zwar stehen Frauen und die jüngere Generation der Gendersprache etwas offener gegenüber, aber auch bei diesen Gruppen überwiegt die Ablehnung. Das zeigt eine Befragung, die der MDR durchführte, an der sich fast 26.000 Menschen aus Mitteldeutschland beteiligt haben. Die Einstellung mag in anderen Teilen unseres Landes, vor allem in den großen Städten, anders ausfallen.

Die größten Gender-Kritiker/innen sind in der AfD. Sie beklagen „Gender-Gaga“ und „Gender-Wahn“ in links-grünen Parteien, Schulen, Universitäten und Medien. Eine umfangreiche Analyse von hunderttausenden Social-Media-Posts durch Tagesspiegel, Democracy Reporting International und das Mercator Research Institute on Global Commons and Climate Change zeigt allerdings: Keine Partei beschäftigt sich auf Twitter und Facebook mehr mit Gendern als die AfD.[41] Sie nutzt das Thema schon lange. Bereits in ihrem Grundsatzprogramm 2016 hat die Partei die Ablehnung des Genderns verankert, genau wie ihren Wahlprogrammen 2017 und 2021.

Unsere Welt besteht nun einmal nicht nur aus Männern, warum sollen wir sie also ausschließlich in männlicher Form denken? Während es den einen darum geht, den Blick auf unsere Gesellschaft zu erweitern und das Bewusstsein für Diskriminierungen zu schärfen, dürfen wir nicht unterschätzen, dass die Zerrbilder und Lügen von anderen mit Absicht verbreitet werden. Die Anti-Gender-Rhetorik spielt dabei eine zentrale Rolle, rechte Ideologie im gesamten politischen Spektrum der Gesellschaft anschlussfähig zu machen und zum Angriff auf Geschlechtergerechtigkeit zu blasen, lese ich in einem Aufsatz bei APUZ – „Aus Politik und Zeitgeschichte“.

Statt sich aber vermehrt Schreib- und Sprechpraktiken zu bedienen, die jede und jeder leicht nachvollziehen kann, kann man bei einigen Gender-Anhängerinnen ein Hochschrauben von Symbolpolitiken erkennen.

Gruppierungen des PRO-Gender-Lagers wollen mit bestimmten Trennungen wie Doppelpunkt und Unterstrich zeigen, dass sie einer Gruppe angehören, die sich über all dies intensiv Gedanken macht.

Sprache kommuniziert immer irgendwie auch Zugehörigkeit.

Es ist aber je nach Kontext und Gegenstand gar nicht nötig, einen ganzen Text „durchzugendern", wenn man grundsätzlich um geschlechtergleiche Repräsentation bemüht ist. Das geht auch mithilfe der Handlungen und Rollen der vorhandenen Charaktere. Überdies müssen wir nicht Grimms Märchen gendern, denn der böse Wolf würde dann zur Wölfin. Wir sollten aus unserer Sprache keinen Gender-Kampfplatz machen. Jede Kampfansage führt zu ungewollten Gegenreaktionen und Ablehnungen.

Eine angemessene Konsequenz dieser Befunde könnte zweifach sein: sowohl entspannterer Umgang mit der Sprache, die viele Möglichkeiten des Ausdrucks hat, als auch das Sensibilisieren für unsere Sprache.

4.11. Die AfD und ihre außenpolitischen Ziele

Im Parteiprogramm der Alternative für Deutschland liegt der Schwerpunkt auf militärischen Aspekten. Die AfD will, dass sich Deutschland in den kommenden Jahren verstärkt als militärisch eigenständig definiert, weshalb eine europäische Armee abgelehnt wird. Damit verbunden unterstellt die AfD der derzeitigen Außenpolitik eine „Anpassungspolitik an die USA". Kritischer Bezug auf Russland wird nicht genommen. Darüber hinaus ist eine klare außenpolitische Leitlinie nicht zu finden, da kein Bezug auf aktuelle Krisenherde und Herausforderungen wie Syrien-Konflikt, Ukraine-Krise oder Krisenprävention genommen wird.

Weiter heißt es im AfD-Programm: „Die AfD fordert eine strikte Einhaltung des Nichteinmischungsgrundsatzes in innere Angelegenheiten von Staaten, auch durch nichtstaatliche Akteure. Der internationale islamische Terrorismus ist eine ernste Bedrohung der internationalen Staatengemeinschaft. Seine Entstehung und Ausbreitung muss mit allen zur Verfügung stehenden legalen Mitteln bekämpft werden."[42]

Im Programm für die Europawahl 2024 heißt es: „Die AfD steht für ein 'Europa der Vaterländer' und lehnt zentralistische Bestrebungen der EU ab. Kernkompetenzen und Entscheidungsbefugnisse müssten in der Verantwortung der Mitgliedstaaten verbleiben. Deutsche Interessen müssten bei der Zusammenarbeit – auch mit Frankreich – viel stärker berücksichtigt werden. Gute Beziehungen zu den USA sind für Europa und Deutschland von wesentlicher Bedeutung. Nur unter Einbeziehung Russlands wäre eine stabile Friedensordnung in Europa denkbar. Die gegen Russland verhängten Sanktionen sieht die AfD als nicht zielführend an. Sie setzt sich für deren Abschaffung und eine Normalisierung der Beziehungen mit Russland ein. Die wirtschaftlichen, politischen und kulturellen Kontakte zu China will die AfD ausbauen, gleichzeitig aber eine gegenseitige Angleichung der rechtlichen Rahmenbedingungen für Handel und Investitionen erreichen."

Der Erwerb europäischer Unternehmen durch chinesische Unternehmen müsse mit den Mitteln des Wettbewerbs- und Kartellrechts kontrolliert, eingeschränkt und notfalls gestoppt werden.

„Die Entwicklungspolitik der EU soll wieder auf die nationale Ebene der Mitgliedstaaten zurückgeführt werden. Die AfD lehnt die Schaffung einer europäischen Armee strikt ab, da diese über keine demokratische Legitimation verfügen würde. Sie fordert die Stärkung des europäischen Pfeilers der NATO, um hier Deutschlands Rolle und Einfluss zu erhöhen. Der deutsche Wehretat soll zügig an das 2-Prozent-Ziel der NATO angepasst werden." [43]

Vor allem der Arbeitskreis Außenpolitik der AfD-Bundestagsfraktion fällt mit russlandfreundlichen Anträgen auf. Das Fraktionsgremium soll die außenpolitischen Positionen der AfD im Bundestag vorbereiten, produziert aber verstärkt geopolitische Thesen und Anträge, die die Sichtweise des Kremls wiedergeben. Der Arbeitskreis besteht hauptsächlich aus russlandfreundlichen Abgeordneten.

Entsprechend kritisch die Haltung gegenüber den USA. 2016 schon beschloss der Bundesparteitag in Hannover eine Resolution zur Außenpolitik, in der Amerika für alle Übel dieser Welt verantwortlich gemacht wird:

„Wir gehen von der Erkenntnis aus, dass die Politik der USA in der letzten Dekade wesentlich zur instabilen Lage in Osteuropa, im Nahen und Mittleren Osten und in Nordafrika beigetragen hat", heißt es. Als Folge erlebe man einen „beispiellosen Flüchtlingsstrom in das Herz Europas sowie eine stetig ansteigende Terrorgefahr und damit einhergehend eine Bedrohung des internationalen und inneren Friedens".

Gleichzeitig scheinen viele Parteimitglieder überzeugt, dass Amerika nicht nur die Welt in Schutt und Asche legt, sondern mit Institutionen wie der NATO oder mit Handelsabkommen wie TTIP anderen ihren Willen aufzwingt. Es sind dabei nicht nur Wirrköpfe aus der dritten Reihe, die solchen Verschwörungstheorien anhängen, sondern auch Parteiprominenz wie Björn Höcke. Er sagte in einem Interview mit der „Welt":

„Wenn sich die NATO-Strategie nicht umgehend und grundsätzlich ändert, wovon in der jetzigen bündnisinternen Machtkonstellation nicht ausgegangen werden kann, muss Deutschland, um den Frieden in Europa zu sichern, auch zu einem unkonventionellen Schritt bereit sein. Und dies hieße in letzter Konsequenz bei festgestellter Reformunfähigkeit, den Austritt aus einem ehemaligen Verteidigungsbündnis."

Im jetzt beschlossenen Grundsatzprogramm hat die Partei auf so schrille Töne verzichtet: Die Mitgliedschaft in der NATO entspreche den außen- und sicherheitspolitischen Interessen Deutschlands – mit der Einschränkung: „soweit sich die NATO auf ihre Aufgabe als Verteidigungsbündnis beschränkt".

Die Grundannahme aber, Deutschland sei zur Marionette für düstere amerikanische Machtspielchen geworden, schimmert weiterhin durch: „Die Bundesrepublik verfolgt eine orientierungslose Anpassungspolitik." Das bewirke, dass andere Staaten und Institutionen die deutsche Außen- und Sicherheitspolitik beeinflussen und steuern. Deutschland sei zunehmend auf Schutz und Unterstützung von Bündnispartnern, „besonders der USA", angewiesen und vertrete eigene Interessen nicht angemessen.

Einige Parteimitglieder scheinen mit diesen vergleichsweise diplomatischen Formulierungen unzufrieden zu sein. So legte der Vorsitzende des AfD-Kreisverbandes Konstanz, Wolfgang Gedeon, einen eigenen, kämpferischeren Vorschlag für ein Grundsatzprogramm vor. Sein Alternativvorschlag wurde in Stuttgart zwar abgelehnt, zeigt aber, wie tief der Antiamerikanismus in den Köpfen vieler Parteimitglieder verankert ist.

Ein Beispiel: „Während man in der ganzen Welt mit großem Pathos die Universalität der Menschenrechte einforderte, führte man zu Hause die Negersklaverei ein und rottete die Indianer per Genozid aus", wetterte Gedeon in seinem Programmentwurf über die vermeintliche Bigotterie der Amerikaner beim Thema Menschenrechte. An anderer Stelle warnt er, Washington arbeite an der „totalitären Implementierung des amerikanisch-westlichen Systems in Deutschland und Europa". Ein Szenario, das ihn wohl um den Schlaf bringt: Wir würden „gezwungen, unsere nationale und kulturelle Identität zu opfern und als geografische Region mit ein paar traditionellen Besonderheiten im sog. Westen aufgehen".[44]

In der Außenpolitik ist es wie in vielen anderen Politikbereichen: Eine populistische Partei will es möglichst vielen recht machen. Da sind Widersprüche an der Tagesordnung. Ein einheitliches Programm stört nur, wenn es darum geht, unterschiedliche Ängste und Enttäuschungen unter einen

Hut zu bringen. Auch ich sehe die amerikanische Außenpolitik mit starken imperialistischen Zügen kritisch, aber ein Deutschland, das sich selbst und allein verteidigen soll, kann sich kein Realist vorstellen.

4.12. Was ist deutsche Identität?

Was ist eigentlich deutsch?

Was sind die Werte, die das Land und seine Menschen ausmachen?

Die AfD und ihr Programm brechen radikal mit der Auffassung von Volk und Nation, die sich nach Kriegsende in Deutschland allmählich neu entwickelt hat – erst in illusionärem Widerwillen gegen Einwanderung, dann in deren Akzeptanz und Beförderung. Die neue Partei wendet sich gegen diese Beschleunigung und knüpft an Traditionen an, die auf das 19. Jahrhundert zurückgehen und im 20. Jh. jäh abgebrochen sind, weil sie in die Verbrechen des Nationalsozialismus mündeten, von ihm ausgenutzt wurden oder pauschal als „Nazitum" bzw. „faschistisch" gebrandmarkt wurden.

Im 19. Jahrhundert standen sich, grob gesagt, zwei Gesellschaftsentwürfe in Deutschland gegenüber: Der eine, romantisch geprägte, berief sich auf eine „organische" Entwicklung, die sich einer „gemachten", demokratischen, „gleichmacherischen", gar sozialrevolutionären Gestaltung entziehe und dagegen geschützt werden müsse. Die andere wollte gerade die aktive Umgestaltung im Sinn der Ideale der Französischen Revolution. Die Auffassung von Volk, Staat und Gesellschaft als „organischen" und „natürlichen" Körpern berief sich auf kulturelle, ethnische bis hin zu biologischen Notwendigkeiten und radikalisierte sich unter dem Eindruck einer angeblichen spirituellen Höherwertigkeit des „Deutschen".[45]

Deutschland existiert als politische Einheit, als Nation im modernen Sinn, erst seit 1871. Vorher gab es das längst verfallene Heilige Römische Reich deutscher Nation, bis Napoleon es 1806 aufgelöst hat. Danach gab es nur noch Kleinstaaterei. Das sei auch schon vorher das Problem gewesen, sonst wäre der 30jährige Krieg gar nicht möglich gewesen. „Politisches und geistiges Deutschland war nie identisch."

Wenn ich gefragt werde, ob ich stolz bin, Deutscher zu sein, bejahe ich das mit Nachdruck. Warum? Ich bin stolz darauf, dass wir nach dem Zweiten Weltkrieg ein Deutschland aufgebaut haben, das viel für die Aussöhnung mit dem Judentum und anderen Verfolgten getan hat, denen wir so viel Unrecht angetan haben. Wir sind aber auch ein demokratischer Staat, in dem die Gewaltenteilung zwischen Gesetzgebern, der Exekutive, also

Verwaltung und Judikative, funktioniert. Um es mit dem Heidelberger Germanisten Dieter Borchmeyer zu sagen: „Solle doch Deutschland eine Macht der Mitte bleiben, indem es Nationalität und Europaidee im Gleichgewicht hält und seine europäisch-kosmopolitische Moral ohne Überlegenheitsgebärde auf dem Fundament der Gleichheit gegenüber den Nachbarstaaten wie auch der Weltgemeinschaft zur Geltung bringt."[46]

Wir sind ein Volk, das mit Ehrgeiz und Disziplin, aber auch mit Kreativität Probleme angeht und Herausforderungen annimmt. Diese Werte haben uns den Wohlstand beschert, den wir immer noch genießen können. Diese Eigenschaften, die ich weit verbreitet sehe, werden nicht von Ausländern gefährdet, sondern vom Anspruchsdenken junger Deutscher, das zunehmend nicht mit den dafür erforderlichen Leistungen übereinstimmt.

Der Leiter eines Marktforschungsinstituts und Psychologe Stephan Grünewald beschreibt es so: „Deutschland ist ein Land, das aufgrund seiner geschichtlichen Brüche keine feste nationale Identität hat. Die Identität ist aber so etwas wie ein Schutzmantel. Er vermittelt mir eine Seinsgewissheit."

Die Vereinigten Staaten haben ihren American Dream: „Der amerikanische Traum, den die Amerikaner halt haben, der sagt, egal, wo ich bin, es kann immer wieder aufwärts gehen. Und diese Zuversicht, diese Seinsgewissheit, die haben wir nicht. Wir sind immer auf der Suche nach dem Sinn. Das macht uns aber auch gerade schöpferisch und erfinderisch. Wir sind dadurch nicht nur das Land der German Angst, sondern auch das Land der Querdenker, das Land der Ideen, das Land der Patente, das Land der Erfinder. Das heißt, wir haben letztendlich die Gabe, in diesem ewigen enervierenden Suchprozess uns und die Welt immer wieder neu zu erfinden."[47]

Das ist die große Leistung unseres Volkes: Mit dem schändlichen Zweiten Weltkrieg und dem Holocaust haben die Deutschen so viel Leid über die Welt und Schande über sich gebracht, dass niemand glauben konnte, sie würden ihr Land zur großen demokratischen Wirtschaftsnation wieder aufbauen, und das als schuldbewusstes, demütiges und auf Ausgleich bedachtes Volk. Darum bin ich stolz, Deutscher zu sein.

Und ich denke gern an deutsche Dichter und Denker. AfD-Rechtsaußen Höcke zieht auch dieses großartige Kulturerbe in den Schmutz: „Anstatt die nachwachsende Generation mit den großen Wohltätern, den bekannten weltbewegenden Philosophen, den Musikern, den genialen Entdeckern und Erfindern in Berührung zu bringen, von denen wir ja so viele haben – Markus Mohr hat darauf hingewiesen und die Namen stellenweise erwähnt, und es war doch nur eine kleine Gruppe, die er mangels Zeit aufzählen konnte –, vielleicht mehr als jedes andere Volk auf dieser Welt, liebe Freunde! Und anstatt unsere Schüler in den Schulen mit dieser Geschichte in Berührung zu bringen, wird die Geschichte, die deutsche Geschichte, mies und lächerlich gemacht. So kann es und darf es nicht weitergehen!“[48]

Eins aber verdrängt Höcke: Große deutsche Denker argumentierten schon früh für eine demutsvolle Rolle der Bevölkerung, wenn ich an den „Kategorischen Imperativ“ Immanuel Kants denke: „Handle so, dass die Maxime deines Willens jederzeit zugleich als Prinzip einer allgemeinen Gesetzgebung gelten könne.“[49] Oder Georg Wilhelm Friedrich Hegel (1770-1831). Seine Philosophie zielte auf das große Ganze. Hegel wollte ein System, in dem die ganze Welt zu Hause ist. Es sollte die Wirklichkeit in ihrer Gesamtheit erfassen und das „Wie?“ von Erkenntnisprozessen erklären.

Lassen Sie mich mit einem längeren Zitat des wohl bedeutendsten deutschen Philosophen der Neuzeit, Jürgen Habermas, dieses Kapitel beenden:

„Normativ betrachtet, hat die Einbettung des demokratischen Prozesses in eine gemeinsame politische Kultur nicht den ausschließenden Sinn der Verwirklichung einer nationalen Eigenart, sondern den inklusiven Sinn einer Praxis der Selbstgesetzgebung, die alle Bürger gleichmäßig einbezieht. Inklusion heißt, dass sich das politische Gemeinwesen offen hält für die Einbeziehung von Bürgern jeder Herkunft, ohne diese anderen in die Uniformität einer gleichgearteten Volksgemeinschaft einzuschließen. Weil der demokratische Prozess schon dank seiner Verfahrenseigenschaften Legitimität verbürgt, kann er, wenn nötig, in die Lücken sozialer Integration einspringen und im Hinblick auf eine veränderte kulturelle Zusammensetzung eine gemeinsame politische Kultur hervorbringen. Der Umstand, dass der Einzelne von intersubjektiv geteilten Überlieferungen und identitätsprägenden Gemeinschaften existentiell abhängig ist, erklärt, warum in kulturell differenzierten Gesellschaften die Integrität der Rechtsperson nicht ohne gleiche kulturelle Rechte gesichert werden kann. Die zur nationalen Kultur aufgespreizte Mehrheitskultur muss sich aus ihrer geschichtlich begründeten Fusion mit der allgemeinen politischen Kultur lösen, wenn sich alle Bürger gleichermaßen mit der politischen Kultur ihres Landes sollen identifizieren können. In dem Maße, wie dieser Prozess der Entkoppelung der politischen Kultur von der Mehrheitskultur gelingt, stellt sich die Solidarität der Staatsbürger auf die abstraktere Grundlage eines ‘Verfassungspatriotismus’ um. Misslingt er, lässt er das

Gemeinwesen in Subkulturen zerfallen, die sich gegeneinander abschotten. In jedem Fall höhlt er aber die substantiellen Gemeinsamkeiten der Nation als einer Herkunftsgemeinschaft aus.“ [50]

Der Münchener Sozial- und Wirtschaftswissenschaftler Kaevan Gardar sieht in seinem Buch „Zwischen Denkern und Dichtern, Richtern und Henkern“ bei der Suche nach deutscher Identität eine „weitgehende Fixierung auf das Negative“: „Dies bedeutet im Umkehrschluss eine Unfähigkeit zur Freude, selbst bei unbestreitbaren Fortschritten. So ist die Gleichberechtigung der Geschlechter im deutschen Grundgesetz wirksamer verankert als in vielen anderen Ländern, auch wenn Frauen nach wie vor sozial und finanziell benachteiligt sind. Das Land gehört außerdem zu den Vorreitern einer nachhaltigen Entwicklung. Die Tatsache, dass Deutschland in der Welt einen ausgezeichneten Ruf genießt, wie aus mehreren globalen Image-Untersuchungen hervorgeht, verdeutlicht die Diskrepanz zwischen Selbstbild und Fremdbild.“ [51]

Ich füge hinzu: Das wichtigste Element der Demokratie, die Gewaltenteilung, funktioniert bei uns deutlich besser als in den USA und anderswo. Auch hinsichtlich Liberalität, Zivilcourage und Emanzipation hat Deutschland viel zu bieten. Es gibt also keinen Grund für eine fehlende Identität. Deutschland ist eine vorbildliche Demokratie. Darauf können wir stolz sein!

5. Der Populismus in Deutschland

Kontingenz, Auflösung, Ambivalenz und Entgrenzung sind die Stichworte zur geistigen Situation unserer Zeit. Gewissheiten gehen verloren, die Globalisierung hat unberechenbare Folgen für Wirtschaft und Gesellschaft. Auf diesem Nährboden der Angst machenden Veränderungen ist der Populismus zurückgekehrt. Er gaukelt uns vor, es bedürfe angesichts gesellschaftlicher und existenzieller Unsicherheiten ebensolcher Sicherheiten, und es gebe einfache Lösungen, um sie zu erhalten. Es handelt sich um eine Art rückwärtsgewandter Sicherheitsversprechen, die den Populismus befeuern.

Der hierauf gründende Erfolg populistischer Politik fällt auf fatale Weise zusammen mit der linken Hinwendung zu Identitätspolitik und Moralthemen sowie der Vernachlässigung der sozialen Frage. Damit ist das Spannungsfeld umrissen, nämlich eine Gemengelage aus wirtschaftlichen Verlustängsten einerseits und auf die Identität bezogenen Verlustängsten andererseits. Oder anders gewendet: die unterschwellige Komplizenschaft eines wirtschaftlichen mit einem kulturellen Liberalismus. „An die Stelle des Kampfes gegen ökonomische Ausbeutung trat seit den 1990er-Jahren der Kampf gegen kulturelle Diskriminierungen. In der Untergrabung des Normalarbeitstages und der Zunahme prekärer Arbeitsverhältnisse wurden nicht die Zumutungen, die darin stecken, betont und herausgestellt, sondern die angeblichen Chancen. Die aber gab es, wenn überhaupt, allenfalls für die gebildeten Mittelschichten, die Kreativen und die Arbeitskraftunternehmer. Statt harte Interessenpolitik für die kleinen Leute zu machen, erlagen die Linken den Verlockungen des Karnevals der Kulturen und den Predigern von Mulitkulturalismus, Diversity, Antidiskriminierung, Vielfalt und Buntheit der sexuellen Minderheiten und den Anstands- und Sprachregeln politischer Korrektheit. Kurz: Die Linken sind in die Fallen der Identitätspolitik gelaufen, sie verstanden sich als Avandgarde des zivilisatorischen Fortschritts und haben darüber ihre traditionellen Anhänger und Stammwählerschaften mehr oder weniger sehenden Auges verloren und aufgegeben und ihre Zuständigkeit für die Klassenfrage ignoriert."[52]

Die SPD versucht seit vielen Jahren, erneut mit „materiellen" Themen zu punkten und sie mit ihrer Politik der postmateriellen Werte zu vereinbaren: Erhöhung des Mindestlohns, Mietpreisbremse, paritätische Krankenkassenbeiträge, Gute-Kita-Gesetz, neuerdings der Kampf um eine Grundrente („Respektrente") u.v.a. Jedoch hat die Partei Probleme, mit diesen Themen durchzudringen. Ein maßgeblicher Grund liegt sicher in der Agenda-Politik von Gerhard Schröder begründet. Wenn diese Maßnahmen vielleicht objektiv richtig waren, waren sie doch ein kommunikationspolitisches Desaster mit unabsehbaren Folgen. Das technokratische Kürzel HARTZ IV läutete den Niedergang der Partei ein. Die SPD hat Hartz IV hinter sich gelassen. Ob es gelingt, die Deutungshoheit über den Sozialstaat zurückzugewinnen, bleibt abzuwarten.

Die Unionsparteien haben ein ähnliches Problem. Sie müssen es schaffen, das Flüchtlingsthema als alles bestimmendes Thema abzulösen und die Erzählung über die Geschehnisse des Herbstes 2015 zu einem guten Ende zu bringen. Merkel wird als Auslöserin der Flüchtlingskrise gesehen.

In Wissenschaft und Journalismus hat sich der Begriff „Populismus" für ein Phänomen eingebürgert, das uns in Europa seit Mitte der 1980er-Jahre begleitet. Populismus ist facettenreich und meint eine Politik, die unrealistisch-demagogisch, elitenkritisch, anti-modern, pro-sozial, häufig rassistisch und in der Regel pro-national oder gar pro-regional ist. Abgesehen von diesen Etikettierungen organisiert sich der Populismus in Europa in verschiedenen Parteien: Front National, Lega Nord, FPÖ, Vlaams Blok, PIS, Fidesz, AfD. Zahlreiche Parteien in Europa stellen sich gegen ein Politikverständnis mit seinem Wohlstands- und Teilhabeversprechen und seiner verfassungsstaatlichen Demokratieauffassung. All diese Parteien und Bewegungen eint der Mythos der „Identität" – nationale Identität, kulturelle Identität, völkische Identität. Die Unterscheidung „Wir und die anderen" kann als zentrales Momentum der Bewegung angesehen werden.

Die politische Diskussion über die Einwanderungspolitik der vergangenen Jahre und über den Aufstieg der AfD deutet darauf hin, dass die deutsche Bevölkerung in zwei Teile zerfällt: Der eine lebt schon in der Einwanderungsgesellschaft und arrangiert sich damit, der andere nicht und lehnt sie ab.

Die politische Sprengkraft dieser Polarisierung zwischen Akzeptanz der neuen und dem Bedürfnis nach der traditionellen Gesellschaft liegt darin, dass es neue und unterschiedliche Antworten auf die alte Frage gibt: Was ist deutsch, was macht „uns" zu Deutschen, und wie kann man verhindern, dass wir es verlieren?

Der Satz, den Alexander Gauland über „die Leute" sagte, die Jérôme Boateng angeblich nicht zum Nachbarn haben wollten, ist so aufschlussreich, weil er genau auf die Unsicherheit zielt, die über jener Frage entstanden ist. Gaulands Satz soll sagen: Selbst wenn Boateng eine deutsche Mutter hat, Deutsch spricht und sogar deutscher Staatsangehöriger ist, ein „richtiger Deutscher" in der für ihn „richtigen" Nachbarschaft ist er noch lange nicht – und kann es „eigentlich" nicht werden. Das zielt gegen eine staatsbürgerliche und „multikulturelle" Auffassung von Volk und Gesellschaft, die auf anderen Traditionen aufbaut als die ethnisch verwurzelte des AfD-Politikers. In dessen Vorstellung gibt es eine Abstufung des Deutschseins – je nach nationaler, ethnischer und religiöser Herkunft der Eltern.[53]

Die AfD und ihr Programm brechen damit radikal mit der Auffassung von Volk und Nation, die sich nach Kriegsende in Deutschland entwickelt hat – erst gegen Einwanderung, dann in deren Akzeptanz und Förderung.

Der Begriff „Herrenvolk" kam im 19. Jahrhundert im Zug der kolonialen Expansion europäischer Staaten auf. Durch die Übertragung des organischen Überlebenskampfes auf den Bereich der Nationen und Völker wurde der Kolonialismus als quasi „naturgesetzlich" legitimiert. Sozialdarwinistische Vorstellungen vom Überleben des Stärkeren, von der Teilung der Welt in „lebende" und „sterbende", niedergehende und aufstrebende Nationen und Anschauungen von den angeblichen Alternativen „Weltmacht oder Untergang" beherrschten das Denken.[54] Heute wissen wir, dass Völker, die als beherrschbar galten, dabei sind, uns zu beherrschen. Ich denke an Chinesen und Inder. Vor dem Hintergrund der Klimakatastrophen und der Fluchtbewegungen kann man zum Ergebnis kommen, dass die Völker, die über viele Jahrhunderte andere ausbeuteten, die eigentlich Dummen und Charakterlosen waren und sind, denn sie haben diese Katastrophen durch maßloses Handeln erzeugt. Mögen wir Deutschen uns als Gleiche unter Gleichen sehen, um nicht denen als Feindbild zu erscheinen, die in den kommenden Jahrhunderten die Weltordnung prägen werden.

Unsere Kulturen haben de facto längst nicht mehr die Form der Homogenität und Abgeschiedenheit, sondern sind von Mischung und Durchdringung gekennzeichnet. Die Kulturen sind hochgradig verflochten. Die Lebensformen enden nicht mehr an den Grenzen der Nationalkulturen, sondern überschreiten diese und finden sich ebenso in anderen Kulturen.

Die neuartigen Verflechtungen sind eine Folge von Migrationsprozessen, von weltweiten materiellen und immateriellen Kommunikationssystemen (internationaler Verkehr und Datennetze) sowie von ökonomischen Abhängigkeiten. Für jede/n von uns gilt, Neues, Fremdes als Chance neugierig zu hinterfragen, sich einzulassen und nicht alles Fremde als Bedrohung wahrzunehmen. Sicher: Alte Denkmuster und Gewohnheiten, selbst Vorurteile, sind uns vertraut und bieten Sicherheit, vor allem, wenn viele im eigenen Umfeld auch so denken. Sich von Gewohntem zu lösen verursacht Angst. Diese müssen wir überwinden. Das einzige Mittel gegen Verunsicherung und Angst – das können die Hirnforscher inzwischen mit Hilfe ihrer bildgebenden Verfahren nachweisen – ist Vertrauen. Wer kreativ sein will, braucht Vertrauen in sich selbst, in eigene Fähigkeiten und Fertigkeiten, in eigene Erfahrungen und eigenes Wissen. Dazu muss man großzügig mit sich sein und verinnerlichen, dass Fehler, die man selbst macht, auch alle anderen begehen. Wir alle haben Stärken und Schwächen, Ängste und Hemmungen. Der eine oder die andere sind extrovertierter und verstehen es, sich in den Vordergrund zu drängen, aber alle kochen nur mit Wasser. Die Welt ist zusammengerückt, das Bild der Heimat ist bunt und wechselt den Rahmen. Wir können jetzt auch Orchideen am eigenen Kirchturm blühen sehen.

Das Diffuse, nicht Fassbare der Pegida-Bewegung fand und findet einen parteipolitischen Ausdruck in der AfD. Die „Spiegel"-Journalistin und Beobachterin der Partei Melanie Amann hat es in ihrem Buch über die AfD gleich zu Anfang auf den Punkt gebracht:

„Die AfD gab es schon, ehe sie formal gegründet wurde. Sie war nicht physisch greifbar, sondern ein Gedanke, ein Gefühl in den Köpfen vieler Deutscher. Es war das Unbehagen, dass im Land etwas schiefläuft, dass die Ausländer sich nicht integrieren wollen und die Deutschen fremde Lasten tragen müssen; dass die Staatsgewalt schwächelt, die Schulen und Universitäten verkommen, die Mehrheitsgesellschaft von schrillen Minderheiten dominiert wird und die Politiker sich auf die falschen Probleme konzentrieren."

Die meisten Kommentatoren sehen eine Zäsur im Erscheinen des Buches „Deutschland schafft sich ab" von Thilo Sarrazin. Die Suche nach den Ursprüngen der AfD führt zum tiefen Unbehagen im Vor-AfD-Milieu. Dieses Gefühl war scham- und tabubesetzt. Wenige wagten, es in Worte zu kleiden, bis es doch einer tat: Thilo Sarrazin. Er vermittelte den Deutschen die Sicherheit, mit ihren Ansichten keine Angsthasen oder Rassisten zu sein, sondern berechtigte Sorgen auszusprechen.

Rechtspopulistische Parteien brauchen eine „Gelegenheitsstruktur", die Gunst der Stunde, wie eine Banken- oder die Flüchtlingskrise. Dieser „Populist moment" muss sich mit Gefühlen verbinden, die schon immer vorhanden waren, aber nun hervortreten. Es kann zum Beispiel die Globalisierung als „Krise des Weltverstehens" sein.

Wir haben es mit „völkischer Radikalisierung einer Wutbürger-Partei" zu tun, die das deutsche Parteiensystem verändert hat. Die AfD ist eine gespaltene Partei, wobei der rechtsnationalistische Flügel um Höcke nicht zu zähmen ist. Die Partei ist über persönliche Kontakte und durch inhaltliche Überschneidungen mit einer Vielzahl rechtsextremer Multiplikatoren, Gruppen und Verleger vernetzt. Es stellt sich die Frage der Abgrenzung zur Gewaltbilligung. Die Partei hat strategisch darauf gesetzt, Ressentiments gegen Flüchtlinge zu entfesseln, die eine Atmosphäre der Gewalt etablierten.

Der Politikwissenschaftler Hajo Funke sowie die Autorin und Regisseurin Christiane Mudra resümieren: „In schneller Folge radikalisierte sich die Partei und bezieht als Bewegungspartei ausdrücklich völkische Traditionen ein. Sie lässt zu, dass Neonazis ebenso wie Pegida-Aktivisten in die Partei einsickern, und macht durch rassistische Sprüche auf sich aufmerksam. Sie ist inzwischen nach einer Phase, in der es darum ging, die Partei nicht auseinander brechen zu lassen, auf dem Weg zu einer rechtsradikalen bzw. 'rechtsextremen' Partei und damit auf dem Weg in eine andere Republik."

Die AfD ist (wie Pegida) zumindest in Teilen ein Medienprodukt. Vor allem in der Frühphase hatte ihr Erfolg viel mit der Häufigkeit zu tun, mit der sie in den Medien vorkam; das räumt auch FAZ-Journalist Justus Bender ein.[55]

Ich glaube nicht, dass es sich bei den AfD-Wählern und -Wählerinnen mehrheitlich um Anti-Demokraten handelt. Vielleicht sind sie radikal-demokratischer als manch anderer Bürger. Sie wollen eine Befreiung, aber nicht von Klassen, Rassen und Geschlechtern, sondern von der Stigmatisierung von Bauchgefühlen, eine Befreiung von der Zumutung des Rationalismus, den die repräsentative Demokratie ausmacht. Und die Akademiker, die Besserwisser mit ihren Statistiken, die Politiker, Wissenschaftler, Journalisten, die sollen nichts Besseres sein als sie selbst.

6. Der Narzissmus und die Politik

Nun ein Ausflug in die Psychoanalyse, die für unseren Zusammenhang bedeutsam ist. Man sagt Politikerinnen und Politikern Narzissmus nach.

Narzissmus kann verstanden werden als eine pathologisch erhöhte Form der Eigenliebe und unrealistischen Selbstüberschätzung. Narzissmus geht mit starkem Freund-Feind-Denken („Wer nicht für mich ist, ist gegen mich"), starkem Egozentrismus, klassischerweise mit Mangel an Empathie (Bereitschaft und Fähigkeit, sich in die Einstellungen anderer Menschen einzufühlen), erhöhtem Anerkennungsstreben sowie stark manipulativen Verhaltensweisen einher. Narzissmus ist nicht notwendig pathologisch; in gewissem Maß ist jeder Mensch narzisstisch, denn es geht darum, mittels Eigenliebe den Selbstwert zu schützen. Jedoch kann sich Narzissmus bis zu einer pathologischen Persönlichkeitsstörung auswachsen.

Politisch relevant ist, dass Narzissmus stark mit dem Wunsch nach Beherrschung verbunden ist. Eine klassische Verhaltensweise narzisstischer Menschen ist jene der Verführung. Sie wickeln andere gekonnt um den Finger und wissen sie für sich und ihre Interessen zu begeistern. Wenn jedoch die Anerkennung ausbleibt, lassen Narzissten andere fallen.

In jüngster Zeit zeigt sich im politischen Zusammenhang die Nähe des Narzissmus zu populistischer Politik. Denn innerhalb des populistischen Politikmusters versteht sich der Populist/die Populistin als Vertreter/in von Volkes Stimme. Es wird hierbei davon ausgegangen, dass das Volk moralisch überlegen ist und grundlegend Recht hat.

Der Rechtspopulismus ist eine vielfältig antagonistische (widerstreitende) Politikvorstellung, bei der es sowohl gegen die korrupten und moralisch korrumpierten Eliten oben, gegen die Ausländer außerhalb des eigenen Territoriums sowie einkommensschwächere und langzeitarbeitslose Menschen unten geht. Hinzu kommt ein aggressiver, oft kompromissloser, polarisierender Politikstil, bei dem schnelle, harte Entscheidungen getroffen werden, statt lange zu diskutieren. Genau dies, schnelle Entscheidungen statt umfassender Diskussion, ein umfassendes Freund-Feind-Denken sowie ein Verständnis von Politik als Kampf bei gleichzeitigem Überlegenheitsgefühl gegenüber der und dem anderem, ist etwas, was für (pathologische) Narzisstinnen und Narzissten attraktiv ist.

Es gibt noch einen weiteren Zusammenhang zwischen Rechtspopulismus und Narzissmus. Der Narzissmus wird davon geprägt, den Selbstwert zu erhalten. Dass dieser verringert wird, ist eine große Furcht. Deshalb können echte Narzisstinnen und Narzissten keine Fehler zugeben, weil sie dies sowohl als Zeichen der Schwäche als auch der Selbstwertschwächung verstehen. Daher sind bei Fehlern und Schwierigkeiten automatisch die anderen schuld. Ebenso operiert rechtspopulistische Politik immer wieder mit Ängsten sowie der Furcht vor Kontrollverlust; die Schuld für Schwierigkeiten und Probleme wird bei den ethnisch anderen gesehen. Die Ausländer sind schuld, jedenfalls im Sinne des rechtspopulistischen Narrativs.[56]

Daraus ergibt sich, dass es eine besondere Wesensverwandtschaft rechtspopulistischer Politik zum Narzissmus gibt. Besondere Beispiele für Narzissten in der Politik sind Donald Trump und Boris Johnson. Selbstverliebtheit und Narzissmus gelten aber als Leitmotiv, wenn nicht Leitneurose unserer Zeit, wenn wir an die Abertausenden von Selfies denken, die die sozialen Netzwerke jeden Tag überfluten.

Wenn man es auf die Politik bezieht, dann tauchen die sogenannten narzisstischen Führer vor allem in Krisensituationen auf: in Krisensituationen, wo man denken könnte, da wäre es doch am besten, nachdenklich zu sein. Da sind es gerade Personen, die alle Nachdenklichkeit fahren lassen und nach außen hin darstellen, dass es an ihrer Person liegen könnte, ob etwas gut oder schlecht ausgeht; und es gibt nur entweder oder.

Die Nachdenklichkeit wird ausgeblendet, und dieses Ausblenden ist in der Politik ein starker Hinweis, dass man es mit einem Narzissten in einer Krisensituation zu tun hat, weil er das Auditorium, das er anspricht, dadurch für sich gewinnt, dass er mit extrem überzogenem Selbstbewusstsein für eine simple These eintritt und damit suggeriert, man könne sich alle Nachdenklichkeit sparen, was natürlich nicht der Fall ist.

„Ein zweites Moment, das man auch in der Politik beobachten kann, ist: Narzisstische Politiker verwechseln häufig Person und Amt. Das sieht man beispielsweise bei Erdogan, der vieles, was eigentlich in der internationalen Diskussion sein müsste, als persönliche Kränkung nimmt. Und dieses persönliche Gekränktsein ist auch ein ganz klarer Indikator für diesen spezifischen Typus von Politiker, den man vielleicht mit einem anderen Begriff auch als Spieler bezeichnen könnte, weil es diesem Typus von Politiker nicht um Nachhaltigkeit geht, sondern darum, Aufmerksamkeit im Moment zu generieren, um mit dieser Aufmerksamkeit beispielsweise Protest oder was immer zu lancieren; aber um Aufmerksamkeit zu gewinnen, dafür alles tun und dementsprechend in dem Moment, wo sie zur Verantwortung gezogen werden könnten, auch gehen."[57]

Diese Politiker/innen haben ein Gespür für Menschen, die das Gefühl haben, das, wofür sie eintreten, werde nicht ernst genommen, sie würden gekränkt und gedemütigt. Weil in der Politik nicht nach Parteiprogrammen gewählt wird, sondern oft nach momentanen Stimmungen, sind diese Narzissten gefährlich. Sie pauschalisieren, sind also undifferenziert, und in gravierenden Fällen fälschen sie Fakten. In diesen Verhaltensweisen kommt ihnen die digitale Welt entgegen, weshalb Narzissten viel im Netz agieren.

Heute hat sich der Narzissmus weitgehend durchgesetzt. Er ist die dominante Ideologie der liberalen Gesellschaft. Der SUV-Fahrer, die Queer-Aktivisten und die Klimakleber sind Opfer desselben Musters. Alles wird in die eigene Relation zwischen Ich und Ideal eingespeist. Das gegen die Gesellschaft Gerichtete ist dabei, dass wir wechselweise nur Publikum der anderen sind, es aber zu wenig gibt, das darüber hinausgeht und sich auf das Allgemeine bezieht. Man bringt sich gegeneinander in Stellung und wird in Stellung gebracht. Diese Ich-Bezogenheit müssen wir durchbrechen.

Diejenigen, die Narzissten auf den Leim gehen, sind vergleichbar mit Verliebten, die eine Person, der sie alles Gute zutrauen, idealisieren. Die Schattenseiten, die Verstrickungen in Schuld und Verlogenheit, werden von den Liebenden möglichst lange verleugnet oder bagatellisiert. Hinterher kommt das Leiden, der Liebenskummer, den wir meiden sollten, auch im Politischen. Viele Repräsentanten der AfD zeigen Verhaltensweisen, die diesem Krankheitsbild entsprechen. Es erklärt, dass intelligente, gut ausgebildete Menschen fragwürdige Methoden politischer Kommunikation anwenden.

7. Sprache und Strategien der Populisten

Die Sprache spielt für alle eine entscheidende Rolle. Es geht um die rhetorische Strategie, eine bestimmte Position unter Bezugnahme auf Volkes Stimme zu legitimieren. Die Populisten maßen sich an, Volkes Stimme, also die Überzeugung der Mehrheit des Volkes zu kennen und als allgemeingültige Wahrheiten in Szene zu setzen. Bestimmte Wörter verkommen zu Anmaßungsvokabeln (z.B. „Volkswille", „gesunder Menschenverstand"), weil sie von Sprechern überdurchschnittlich häufig zur Verbreitung und Vortäuschung einer Aura der unumstößlichen Wahrheit genutzt werden, was einer pluralistischen Gesellschaft mit einer demokratischen Aushandlungskultur nicht gemäß ist.

Der deutsche Germanist Ekkehard Felder nennt folgendes Beispiel:

„Auf einer AfD-Demonstration in Rostock im Oktober 2015 sind auf einem Transparent die folgenden Sätze zu lesen: 'Wir lassen uns nicht länger belügen! Wir sind das Volk.' Eine Gruppe von Demonstranten bezichtigt eine nicht nähereingegrenzte Personengruppe mittels einer Generalaussage der Lüge. Da die Satzkonstruktion passivisch formuliert ist, muss die adressierte Zielgruppe erschlossen werden. Vermutlich – gemäß dem vertikalen ('die da oben') und horizontalen ('die anderen') Abgrenzungsbedürfnis 'populistischer' Bewegungen – ist das institutionelle, gesellschaftliche, ökonomische oder politische Establishment gemeint. Eine solche Aussageform bezieht einen Standpunkt der Wahrheit mit Absolutheitsanspruch mit ein." [58]

Populistische Kommunikation politischer Akteure/innen hat in erster Linie zum Ziel, die Bürger/innen anzusprechen und ein Wir-Gefühl hervorzurufen. Dies gelingt unter anderem dadurch, dass sie Emotionen nutzen und so eine direkte Verbindung zu den einzelnen Bürger/innen aufbauen. Damit sich möglichst viele Menschen angesprochen fühlen, nutzen populistische Akteure/innen eine einfache Sprache. Wie gut dies funktioniert, sieht man am Beispiel des ehemaligen US-Präsidenten Trump. Er verwendet kurze, einfache Sätze und vermeidet komplizierte Fachtermini. Sprachwissenschaftler der Universität Berkeley fanden heraus, dass eine konkrete, bildhafte Sprache starke Wirkung auf die angesprochene Person bzw. Personengruppe hat, da der Sprecher authentisch erscheint und seine Worte leichter verinnerlicht werden; aus Merkmalen wie Einfachheit der Sprache, Länge der Sätze, direkte Ansprache und Angreifen bestehender Eliten, ohne jedoch eigene Lösungsvorschläge zu bieten. Zur einfachen Sprache gehört auch vulgäre, also derbe und anstößige Sprache, die oft verächtlich und beleidigend ist.

„Populisten benutzen hierfür gerne sog. Frames. Frames sind ausgewählte Eigenschaften oder Perspektiven eines Themas, welche markant dargestellt werden. Frames helfen dabei, bestimmte Ereignisse einordnen und strukturieren zu können. Somit konstruieren Frames teilweise die Realität und können zu unterschiedlichen Bewertungen des gleichen Themas führen. Politische Akteur/innen machen sich Frames zu Nutze, um Themen, die ihnen wichtig sind, der Öffentlichkeit näher zu bringen und sie idealerweise in den Köpfen ihrer Zuhörerschaft zu festigen. Der Erfolg eines Frames hängt von verschiedenen Faktoren ab, wie beispielsweise der emotionalen Aufgeladenheit oder der Häufigkeit der Erwähnung. Nimmt man die Flüchtlingsthematik als Beispiel, könnte ein negativer Frame 'Flüchtlinge sind alle kriminell und beuten den Staat aus' sein und ein anderer, eher positiv konnotierter Frame könnte lauten 'Flüchtlinge bereichern die Kultur eines Landes und fördern die Diversität'. Wirft man einen Blick auf das Wahlprogramm der AfD, so wird schnell deutlich, dass sich die Partei primär negativer Frames bedient.“[59]

In einer von der Universität Salzburg durchgeführten Untersuchung der sprachlichen Mittel in Facebook-Postings der Parteien CDU/CSU und AfD sowie ausgewählter Parteimitglieder kam heraus: Von den 180 untersuchten Sprachmerkmalen der AfD wurden 30 als sachpolitisch codiert, 150 dagegen als populistisch, wonach die AfD in den ausgewählten Postings zu 83,3 % eine populistische Sprache verwendet.

8. Die Politiker und Politikerinnen der AfD

8.1. Parteivorsitzender Tino Chrupalla

Geboren am 14. April 1975 in Weißwasser; verheiratet; drei Kinder.

1991 Mittlere Reife; 1991-1994 Berufsausbildung als Maler und Lackierer; 2000-2003 Meisterschule Handwerkskammer Dresden, Abschuss Maler- und Lackierermeister. 2015 Eintritt in die AfD; seit 2016 Vorstandsmitglied Kreisverband Görlitz; 2017-2021 Kreisvorsitzender Kreisverband Görlitz;

seit 2019 AfD-Bundessprecher; seit 2021 Vorsitzender der AfD-Fraktion im Bundestag, zuvor stellvertretender Vorsitz; 2017 und 2021 Direktmandat für den Wahlkreis 157 (Görlitz) mit 32,4 %. Mitglied im AfD-Mittelstandsforum Sachsen und des Politischen Beirats Oberlausitz im „Bundesverband mittelständische Wirtschaft, Unternehmerverband Deutschland e.V.".

Seine politische Karriere startete Chrupalla nach der Schule und wurde 1990 Mitglied in der Jungen Union, trat aber nach zwei Jahren wieder aus. Aus Unzufriedenheit über die deutsche Politik – vor allem in Bezug auf Finanz- und Einwanderungsfragen – wurde Chrupalla 2015 AfD-Mitglied.

Chrupalla gilt als Repräsentant des rechtsextremen Flügels der Partei. Trotz seiner offiziellen Distanzierung traf er sich immer wieder mit Rechtsextremisten und Holocaustleugnern und ist aufgrund seines Verhaltens auf dem Prüfstand des Bundesamtes für Verfassungsschutz. In öffentlichen Auftritten nutzte er nationalsozialistische Begriffe wie „Umvolkung" oder „Mischvolk" und bezeichnete hochrangige am Völkermord beteiligte Nationalsozialisten als „Jungs". Als gängige Taktik distanziert sich Chrupalla immer wieder von seinen eigenen Aussagen oder interpretiert sie um.

Um den Fachkräftemangel in Deutschland zu beheben, müssten hierzulande wieder mehr Kinder geboren werden, forderte Chrupalla im ZDF-Sommerinterview. Die Familienpolitik in Deutschland sei desaströs, hier gebe es eine „Ein-Kind-Politik". Chrupalla sagt: „Da müssen wir ansetzen, damit wir in 20/30 Jahren aus eigener Kraft mit unserem Nachwuchs wieder die Fachkräfte generieren können." Das müsse der Anspruch einer Industrienation wie Deutschland mit 84 Millionen Einwohnern sein. Die Frage, die Chrupalla ausblendet, ist: Was machen wir die nächsten 20-30 Jahre, selbst wenn er mit seinem Ansatz der „Eigenproduktion" Erfolg haben sollte, was wenig aussichtsreich ist. Die Einschätzung von Expertinnen und Experten, die deutsche Wirtschaft brauche Zuwanderung, will Chrupalla nicht kommentieren. Auf die Frage, wie viele Arbeitsmigranten die deutsche Wirtschaft brauche, sagt er: „Ich schaue nicht auf die Zahlen, was wir jetzt brauchen würden. Ich schaue auf die Zahlen, welche Arbeitskräfte bereits im Land sind." Es gebe hierzulande 2,5 Millionen Arbeitslose und jährlich 60.000 junge Menschen ohne Schulabschluss. „Wir haben im Prinzip in der eigenen Bevölkerung genug Potenzial, das wir schöpfen müssen." Auch hier bleibt er eine Antwort schuldig, wie er aus 2.500.000 Arbeitslosen 1.200.000 Facharbeitskräfte machen will, die schon jetzt fehlen. Dass die Bundesregierung Fachkräfte derzeit im Ausland anwirbt, kritisiert Chrupalla als „modernen Feudalismus".[60] Ausländer machen mit einem Drittel den größten Teil der Jugendlichen ohne Berufsabschluss aus. Es gibt in vielen Betrieben Vorurteile gegen sie. Türkisch- und arabischstämmige Jugendliche haben es besonders schwer, eine Ausbildungsstelle zu bekommen. Daher sollte Chrupalla Vorurteile gegen Ausländer nicht weiter pflegen. Fachkräftemangel trotz Arbeitslosigkeit sei kein Widerspruch, so das Institut der Deutschen Wirtschaft.

„In der Debatte um den Fachkräftemangel kommt der Passung von Anforderungen und Qualifikationen eine zentrale Bedeutung zu. Weil sich die Qualifikationen der Bevölkerung nur allmählich verändern, kann es Fachkräftemangel, Arbeitslosigkeit und Beschäftigungsauf- oder -abbau zugleich geben – auch langfristig."[61] Dazu beigetragen haben instabile und befristete Beschäftigung sowie unzureichende Personalplanung der Unternehmen. Trotz demografischem Wandel und steigendem Bedarf haben viele Unternehmen Fachkräfte nicht halten können oder wollen. Teils gibt es immer noch Versäumnisse der Unternehmen bei längerfristiger Personal- und Qualifizierungspolitik. Zwar haben sie in der Krise der letzten Jahre teils ihre Beschäftigung zu stabilisieren versucht, doch die Entscheidung zwischen Ausbildung und externer Rekrutierung fiel und fällt bei vielen Unternehmen gegen die „Eigenproduktion" aus. In bestimmten Sektoren haben die Arbeitgeber viel zu selten günstige Beschäftigungsperspektiven eröffnet oder durch attraktivere Entlohnung den Fachkräftebedarf zu decken versucht. Löhne sind ein zentraler Indikator, mit dem Unternehmen über Marktprozesse qualifikatorische Ungleichgewichte beeinflussen können. Doch die Löhne sind auch bei Fachkräften – wie in den Gesundheits- und Pflegeberufen – in den letzten Jahren kaum gestiegen.[62]

8.2. Parteivorsitzende Alice Weidel

Geboren am 6. Februar 1979 in Gütersloh; 2 Kinder; Lebenspartnerschaft.

Abitur; Studium der Volkswirtschaftslehre (Diplom Volkswirtin); Studium der Betriebswirtschaftslehre (Diplom Kauffrau); Dr. rer. pol.

Als Analystin und Vice President in der Kapitalanlageberatung und im Vorstandsbüro führender Finanzunternehmen beschäftigt; Leitung Beteiligungsmanagement und Erschließung neuer Märkte für eine international tätige Unternehmensgruppe der Nahrungsmittelindustrie; mehrjährige Auslandserfahrung in Asien mit Fokus auf China sowie in Europa und USA; Mitgründung, Beratung und Aufbau von Start-up-Unternehmen.

Parteivorsitzende und Fraktionsvorsitzende der AfD-Bundestagsfraktion, Leitung Bundesfachausschuss Euro und Währung; Mitglied und zwischenzeitlich Vorsitz der Bundesprogrammkommission.

Sie ist seit dem Gründungsjahr 2013 in der Partei, seit 2015 im Bundesvorstand. Weidel hat das Bundesparteiprogramm mit entwickelt. Die Rhetorik des Höcke-Flügels lehnt sie zwar ab. Anders als die Rechtsnationalen, die eine „Netto-Auswanderung von Ausländern" wünschen, ist sie für eine „gesteuerte qualifizierte Zuwanderung", aber gegen eine „Politik der offenen Grenzen, die vor allem muslimische Armutsmigranten ohne Qualifikation nach Deutschland lockt". Weidel wendet sich auch gegen die Krankenversicherung für Asylbewerber, den aus ihrer Sicht „naiven Umgang" mit islamischen Hasspredigern und warnt vor überzogenen Erwartungen bei der Integration von Flüchtlingen in den Arbeitsmarkt.

„Wirtschaftlicher Sachverstand ist bei der AfD zu Hause", reklamiert die Volks- und Betriebswirtin, die über Chinas Rentensystem promovierte, sechs Jahre in China lebte, bei der Investmentbank Goldman Sachs begann, ins Vorstandsbüro von Allianz Global Investors zog und heute Start-ups berät. Oliver Samwers Firmenschmiede Rocket Internet zählt zu ihren Stationen. Laut „Zeit" wählte Weidel früher Grüne und FDP, wandte sich aber nach dem Ausbleiben der großen Steuerreform von Schwarz-Gelb ab und fand ihre politische Heimat in der AfD, die damals als Anti-Euro-Partei unter Bernd Lucke und Ex-BDI-Chef Hans Olaf Henkel antrat.[63]

„Passt da irgendetwas nicht zusammen? Hat Weidel sich verirrt, der AfD in ihrem strammen Rechtskurs die Treue zu halten, während ihre Vorbilder von Bord gingen? Tatsächlich kam sie erst in den Bundesvorstand, als Lucke im Streit mit der inzwischen ebenfalls demontierten Frauke Petry austrat."

Als zeitweise Leiterin der Bundesprogrammkommission verantwortet sie deren Gesamtergebnis mit – mögen ihr manche Beschlüsse zur Familien- oder Hochschulpolitik auch missfallen. Ihre Auftritte dominieren ebenfalls die Themen Asyl und Islam: „Burkas, Kopftuchmädchen, alimentierte Messermänner und sonstige Taugenichtse werden unseren Wohlstand, das Wirtschaftswachstum und vor allem den Sozialstaat nicht sichern."[64]

In einem Schreiben, das Weidel im Februar 2013 einem ehemaligen Vertrauten geschickt haben soll, heißt es: „Der Grund, warum wir von kulturfremden Völkern wie Arabern, Sinti und Roma etc. überschwemmt werden, ist die systematische Zerstörung der bürgerlichen Gesellschaft als mögliches Gegengewicht von Verfassungsfeinden, von denen wir regiert werden." Im weiteren Verlauf wird die Souveränität Deutschlands angezweifelt, und regierende Politiker werden als „Schweine" und „Marionetten" bezeichnet. Dies sind ungewöhnlich deutliche rassistische Aussagen und Verschwörungstheorien für die als Vertreterin des neoliberalen Wirtschaftsflügels geltende AfD-Spitzenkandidatin Alice Weidel.

Während die AfD Weidel als Verfasserin der brisanten E-Mail ausschließt, versichert die „Welt am Sonntag", dass ihr eine eidesstattliche Versicherung des Empfängers vorliege. Belege dafür liefert die Zeitung jedoch nicht.[65]

8.3. Stellvertretender Vorsitzender Stephan Brandner

Geboren 1966 in Herten/ Westfalen.

1987 Abitur in Herten; Ausbildung zum Industriekaufmann in Castrop-Rauxel (Klöckner-Becorit GmbH), danach kurz dort angestellt; 1990-1994 Studium der Rechtswissenschaft in Regensburg. Längere Auslandsaufenthalte in Südafrika (1990) und Südamerika (1994). 1994-1996 Referendariat und Tätigkeit bei Rechtsanwälten (Memmingen, Kempten, München); Seit 1997 Rechtsanwalt, erst in München, dann in Gera; 2003-2015 im Vorstand der Rechtsanwaltskammer Thüringen.

2013 Eintritt in die AfD; 2014-2017 im Thüringer Landtag, stellvertretender Vorsitzender der Fraktion, Vorsitzender des Ausschusses für Justiz, Migration und Verbraucherschutz. Bis 2017 Mitglied in der Versammlung der Thüringer Landesmedienanstalt und im Beirat der Landesentwicklungsgesellschaft.

Seit 2017 Mitglied des Bundestags; 2018 bis zur Absetzung 2019 Vorsitzender des Ausschusses für Recht und Verbraucherschutz, Justiziar der Fraktion, Vorsitzender Landesgruppe Thüringen.

Seit 2019 Stadtrat in Gera und stellvertretender AfD-Bundessprecher.

Wahlperiode 20: Zweiter Parlamentarischer Geschäftsführer der Fraktion im Bundestag; Leiter und Obmann des Arbeitskreises Wahlprüfung, Immunität und Geschäftsordnung; Vorsitzender der Thüringer Landesgruppe.

Der als Vorsitzender des Bundestagsrechtsausschusses wegen antisemitischer Äußerungen abgewählte Brandner fiel schon im Landtag von Thüringen durch dutzendweise Ordnungsrufe auf und flog aus dem Saal. Der MDR nannte ihn „Thüringens wütendsten Abgeordneten". Für einen Eklat sorgte Brandner mit einem Twitter-Beitrag, der als Drohung gegen politische Gegner zu verstehen ist: das Foto einer Machete und die Bitte um „'nen Tipp, wie ich das Gerät 'künstlerisch' gebrauchen kann", während er auf die Antifa warte. Auch in seinen Reden teilte er aus. Gegen

Grüne („Klimaschutz, Koksnasen, Kinderschänder"), Merkel („Anklagen. Einknasten.") oder syrische Familien („Vater, Mutter und zwei Ziegen").[66]

8.4. Stellvertretender Vorsitzender Peter Boehringer

Geboren am 6. April 1969 in Schwäbisch Gmünd; zwei Kinder.

1988 Allgemeine Hochschulreife. 1988-1989 Wehrdienst. 1991 kaufmännische Berufsausbildung, bester Absolvent in Baden-Württemberg. 1991-1995 Studium an der European Business School sowie in den USA und England; 1994-1998 Internationale Managementberatung „Booz Allen Inc.", Schwerpunkt Telekommunikation und Multimedia; 1999 unternehmerische Tätigkeit; ab 1999 Technologieinvestor („3i plc"); ab 2003 selbständiger Finanzberater und Wirtschaftspublizist; seit 2005 Euro-kritischer Referent auf überparteilichen Podien zu Geldwertstabilität und Edelmetallen.

Seit 2005 Beiratsvorsitzender der größten deutschen Einkaufsgemeinschaft für Sachwerte; 2006 Gründungsvorstand der Deutschen Edelmetall-Gesellschaft e.V.; 2011 Hauptinitiator der erfolgreichen Bürgerinitiative „Holt unser Gold heim"/"Repatriate our Gold"; seit 2013 Mitglied der Friedrich A. von Hayek-Gesellschaft e.V.; 2013 Roland-Baader-Auszeichnung für liberale und konservative publizistische Verdienste.

Seit 2015: AfD-Mitglied; Sprecher des Bundesfachausschusses Euro, Geld- und Finanzpolitik; Mitglied der Bundesprogramm-Kommission der AfD; mitverantwortlich für die Grundsatz-, Bundestags- und EU-Wahlprogramme der AfD; seit 2022 stellvertretender Bundessprecher der AfD.

Mitglied des Bundestags seit 2017; seit 2018 Haushaltspolitischer Sprecher, Leiter/Obmann des Arbeitskreises Haushalt der Fraktion. Vorsitzender des Haushaltsausschusses des Bundestags in der 19. Legislaturperiode und Kurator der Deutschen Stiftung für Internationale Rechtliche Zusammenarbeit e.V.; in der 20. Legislaturperiode Kurator der Stiftung „Finanzierung der kerntechnischen Entsorgung"; stv. Vorsitz der Dt.- Österreichischen Parlamentariergruppe; Mitglied des Parlamentskreises Fahrrad.

Die AfD rühmt ihre Nähe zur Bundeswehr: So versah sie einen Podcast mit: „AfD: Die einzige Partei, die sich für die Bundeswehr einsetzt". Doch schon die Warnungen von Parteichef Chrupalla vor dem 100-Milliarden-Sondervermögen und die Tatsache, dass mehr AfD-Abgeordnete im Bundestag dagegen stimmten als dafür, lassen Zweifel an dieser Selbsteinschätzung aufkommen. Und Äußerungen von Peter Boehringer geben einen Einblick, was führende AfDler wirklich von der Bundeswehr halten.

Der AfD-Vize schmäht in einer Chatgruppe die Bundeswehr als „komplett verdorbenes und vollpolitisiertes wokes System“, dem man derzeit kein Geld geben solle. Die Zitate liegen dem ARD-Hauptstadtstudio vor.

In einer Mail, die dem „Spiegel“ vorliegt, kommentierte Boehringer die Flüchtlingspolitik der letzten Bundesregierung: „Die Merkelnutte lässt jeden rein, sie schafft das.“ Es sei ein „Genozid, der in weniger als zehn Jahren erfolgreich beendet sein wird, wenn wir die Kriminelle nicht stoppen“.

8.5. Stellvertretende Vorsitzende Mariana Harder-Kühnel

Geboren am 16.8.1974 in Gelnhausen; röm.-kath.; verheiratet; drei Kinder.

1994 Abitur; 1994-1999 Jura-Studium; 1999 Erstes Staatsexamen; 1999-2001 Referendariat; 2001 Zweites Staatsexamen. Seit 2001 Volljuristin. 2002-2010 Ernst & Young AG; 2010-2014 Frenzel & Coll; 2015-2017 Kühnel-Spangenberg-Palige, alles Unternehmensberatungen.

Seit 2013 AfD-Mitglied; 2013-2017 hessische Vertreterin im AfD-Bundesfachausschuss Familie; 2013-2017 Sprecherin des hessischen AfD-Landesfachausschusses Familie; 2016-2017 ehrenamtliches Mitglied im Kreisausschuss des hessischen Landkreises Main-Kinzig.

Seit 2017 Mitglied des Bundestags; 2017-2019 Familienpolitische Sprecherin der Fraktion; 2019-2021 Familienpolitische Obfrau der Fraktion.

Spitzenkandidatin des Landesverbands Hessen sowie Direktkandidatin im hessischen Wahlkreis 175 (Main-Kinzig – Wetterau II – Schotten) zu den Bundestagswahlen 2017 und 2021.

„Es ist nachvollziehbar, dass eine große Mehrheit im Bundestag gegen die AfD-Kandidatin Mariana Harder-Kühnel als Bundestagsvizepräsidentin stimmte. Klug war das nicht. Natürlich wäre es wünschenswert, wenn im Präsidium des Deutschen Bundestags niemand herumsäße, der mit deutschnationalem Geblöke und flüchtlingsfeindlichen Sprüchen Politik macht. Deshalb ist es mehr als verständlich, wenn Abgeordnete eine innere Blockade verspüren, wenn es darum geht, einen AfD-Vertreter an die Spitze des Hohen Hauses zu wählen. Ob die abgelehnte Kandidatin Mariana Harder-Kühnel nun zum 'gemäßigten', zum 'halb-radikalen' oder 'vollradikalen' Flügel ihrer Partei zählt, ist dabei nicht entscheidend. Sie vertritt eine Partei, die mit Ressentiments Politik macht und den demokratischen Diskurs bisweilen auf das Niveau von Pegida-Kundgebungen senkt. Um Theodor Adorno mal etwas freier zu zitieren: Es gibt keine richtige Vizepräsidentin aus den Reihen der Falschen ... Die erneute Ablehnung (nachdem auch der AfD-Kandidat Glaser bereits dreimal durchgefallen war) ermöglicht der Partei nun, vor den eigenen Anhängern einen Opferstatus zu kultivieren. Sie wird auch der absurden Verschwörungstheorie Nahrung geben, wonach es sich bei den von der AfD als 'Altparteien' verhöhnten Kräften um ein Kartell handelt, das den vermeintlichen Willen des Volkes missachtet ... Zur Wahrheit gehört, dass ein Teil des Volkes bei der jüngsten Bundestagswahl nun mal wollte, dass die AfD mit 91 Abgeordneten und als drittstärkste Kraft in den Deutschen Bundestag einzog. Und dort steht ihr gemäß Satzung ein Platz im Präsidium zu, wie den anderen sechs Parteien auch. Ganz egal, ob einem das schmeckt oder nicht." [67]

Einige Harder-Kühnel-Zitate: „Deutschland braucht in der derzeitigen demografischen Lage einen Paradigmenwechsel hin zu einer Bevölkerungspolitik in Gestalt einer aktivierenden Familienpolitik. Familienpolitik soll deshalb den Maßstab für alle mit ihr verbundenen Politikfelder setzen, insbesondere für die Sozial, Steuer- und Bildungspolitik. Der Erhalt des eigenen Staatsvolks ist vorrangige Aufgabe der Politik und jeder Regierung ... Die Gender-Ideologie marginalisiert naturgegebene Unterschiede zwischen den Geschlechtern und stellt geschlechtliche Identität in Frage. Sie will die klassische Familie als Lebensmodell und Rollenbild abschaffen. Damit steht sie in klarem Widerspruch zum Grundgesetz, das die (klassisch verstandene) Ehe und Familie als staatstragendes Institut schützt, weil nur dieses das Staatsvolk als Träger der Souveränität hervorbringen kann. Die AfD will, dass sich die Familienpolitik des Bundes und der Länder am Bild der Familie aus Vater, Mutter und Kindern orientiert. Wir lehnen alle Versuche ab, den Sinn des Wortes 'Familie' in Art. 6 Abs. 1 Grundgesetz auf andere Gemeinschaften auszudehnen und der Familie auf diesem Wege den besonderen staatlichen Schutz zu entziehen." [68]

„Wer aus Gründen devoter Kultursensibilität, politischer Korrektheit oder schlicht ideologischer Feigheit absichtlich ganze Tätergruppen und deren kulturelle und religiöse Hintergründe ausblendet, der befördert eine 'Kultur der Gewalt' gegenüber Frauen. Also hören Sie auf mit Ihrer verlogenen Multikultiromantik!" [69]

Zur Kindergrundsicherung: „Diese Politik besteht für Paus (Familienministerin) in der lückenlosen Fortsetzung sozialistischer Ampelprojekte wie der 'Kindergrundsicherung'. Statt wertschöpfende Familien zu entlasten, die diese bunten Projekte über ihre steuerliche Belastung finanzieren müssen, profitieren davon lediglich Familien mit kleinem oder gar keinem

Einkommen. In der Folge werden – auch dies nach sozialistischem Vorbild – immer mehr Menschen in die Abhängigkeit des Staates getrieben."[70]

Die AfD will sehr gut situierte Familien entlasten, nicht aber Familien mit kleinem oder ohne Einkommen, die für sie nicht „wertschöpfend" sind. Verächtlicher kann man sozial Schwächere nicht diskreditieren.

„Eine Kultur des Todes lehnen wir ab. Ein Menschenrecht auf Abtreibung gibt es für uns nicht. Wir stehen stattdessen für eine Kultur des Lebens."[71]

8.6. Bundesgeschäftsführer Hans-Holger Malcomeß

Malcomeß (* 2.12.1973) leitet die AfD-Bundesgeschäftsstelle. 1990-1993 Ausbildung zum Industriekaufmann bei der ESAG Energieversorgung Sachsen Ost AG. Auf dem 2. Bildungsweg 1994-1997 Abitur am Freiberg-Kolleg; 1997-2005 Studium Literaturwissenschaft/Germanistik und Kunstgeschichte in Dresden; danach Redaktionsleiter beim Knüpfer Verlag.

Mit 17 nahm Malcomeß an einem Kulturwochenende der neonazistischen „Wiking-Jugend" Sachsen teil und war dort Vortragsredner. In den folgenden Jahren war er Mitglied der rechtskonservativen Deutschen Sozialen Union (DSU), deren Dresdener Kreisvorstand er Ende der 1990er-Jahre angehörte. Er publizierte in der rechtsextremen Monatszeitschrift „Nation & Europa", wo er u.a. gegen die Wehrmachtsausstellung agitierte.

2014 arbeitete Malcomeß sechs Monate als Geschäftsführer der Dresdener AfD-Stadtratsfraktion und nahm an Pegida-Demonstrationen teil.

„Der in Chemnitz geborene Malcomeß begann in den neunziger Jahren damit, sich äußerst rechts von der Union zu engagieren. Ein Privatdruck von Frank Kaden mit dem Titel 'Die sächsische Wiking-Jugend. Ihre Geschichte in Bildern und Dokumenten' aus dem Jahr 1999 offenbart das Engagement Malcomeß' bei der 1994 verbotenen rechtsextremen Jugendorganisation. Über Letzteren, so schreibt Kaden, habe die Wiking-Jugend (WJ) 'schon sehr früh Beziehungen zur DSU (Deutschen Sozialen Union) aufbauen können'. Zu der weit rechten DSU, bei deren Stadtverordnetenfraktion in Dresden Malcomeß Mitarbeiter war, habe ein 'herzliches Verhältnis' bestanden, sodass sie die 'Geschäftsstelle der DSU auf dem Schillerplatz seit Ende 1992 als Gruppenraum mitnutzen konnten', schreibt Kaden, einst Gauführer der WJ in Sachsen."[72]

Die Wiking-Jugend war eine neonazistische Jugendorganisation in der Bundesrepublik Deutschland. Sie entstand 1952 aus einem Zusammenschluss mehrerer rechtsextremer Jugendgruppen. 1994 wurde sie vom

Bundesinnenministerium verboten. Zu diesem Zeitpunkt zählte sie 400-500 Mitglieder und galt als größte Jugendorganisation der Szene. Die WJ verfolgte die Absicht, ihre Mitglieder nationalsozialistisch zu schulen und völkisch zu sozialisieren. Sie veranstaltete Zeltlager und Märsche, die auch der paramilitärischen Ausbildung dienten. Nach Angaben der WJ sollen 15.000 Kinder und Jugendliche ihre Schule durchlaufen haben.[73]

8.7. Bundesschatzmeister Carsten Hütter

Geb. 1964 in Unna, verheiratet, 5 Kinder, katholisch. Mittlere Reife, Facharbeiterabschluss Kraftfahrzeugelektrik, Meister der Kraftfahrzeugmechanik, Soldat, selbstst. Kaufmann. 2013-2020 im AfD-Landesvorstand, Schatzmeister AfD Sachsen, seit 2019 AfD-Bundesvorstandsmitglied, stellv. Schatzmeister des Bundesverbands. Seit 2014 Mitglied des Sächsischen Landtags, Direktmandat Wahlkreis 37 (Meißen 1). Mitglied von Innenausschuss, Parlamentarischer Kontrollkommission und NSU-Untersuchungsausschuss des Sächsischen Landtags. Sicherheitspolitischer Sprecher der Fraktion, zuständig für religiösen und politischen Extremismus, kirchenpolitischer Sprecher.

Hütter sorgte 2018 mit einer Kleinen Anfrage an die Staatsregierung Sachsens für Schlagzeilen. Darin erkundigte er sich detailliert nach Wohnorten, Tätigkeiten, Schulbesuchen, Wohnverhältnissen, Aufenthaltsstatus sowie dem Bezug von Sozialleistungen von Sinti und Roma im Bundesland. Die Antwort: „Die Erhebung ethnischer Daten verbietet sich nach Art. 3 Abs. 2 Grundgesetz in Verbindung mit Art. 18 Abs. 3 der Sächsischen Verfassung. Für beides kann es keine Antwort geben, Zahlen werden nicht erfasst, besser gesagt, sie dürften auch nach dem Grundgesetz nicht erfasst werden."

Die gewünschte Auflistung der Daten zu einer Ethnie wurde ihm als Antiziganismus vorgeworfen. Für den Zentralrat der Sinti und Roma zielte die Anfrage auf die Diffamierung einer Minderheit ab. Es wurde auf Parallelen zu entsprechenden Karteien in Zeiten des Nationalsozialismus verwiesen.[74]

8.8. Björn Höcke, Mitglied des Thüringer Landtags

Landesliste, Oberstudienrat, Gymnasiallehrer, * 1972 in Lünen, verheiratet, 4 Kinder. 1991 Abitur, 1991-1992 Wehrdienst, 1992-1998 Studium in Bonn, Gießen, Marburg; 1998 Erstes Staatsexamen für das Lehramt an Gymnasien, 2012 Zweites Staatsexamen; 2003-2005 Postgraduales Studium „Schulmanagement", Abschluss als Master of Arts (M.A.); 1999-2014 an verschiedenen Schulen in Hessen. Seit 2014 im Thüringer Landtag.[75]

„Alle Jahre wieder darf Björn Höcke als Fraktions- und Landeschef der AfD in Thüringen beim Sommerinterview des MDR eine halbe Stunde lang Fragen beantworten. Diesmal konzentrierte sich der Sender inhaltlich auf Bildungspolitik, befragte den Rechtsextremisten dazu. In dem live gestreamten Gespräch zählte Höcke dann auf, was seiner Meinung nach die 'Belastungsfaktoren' seien, die man 'vom Bildungssystem wegnehmen müsse'. Er sprach von einer 'Wende« in der Einwanderungspolitik', die 'ganz ganz zentral' sei, also von weniger migrantischen Kindern. Und er sprach von Kindern mit Behinderungen. Denn laut Höcke ist Inklusion eines der 'Ideologieprojekte', von dem man das Bildungssystem 'befreien' müsse. Solche Projekte würden 'unsere Schüler nicht weiterbringen' und 'nicht leistungsfähiger machen'. Sie führten nicht dazu, 'dass wir aus unseren Kindern und Jugendlichen die Fachkräfte der Zukunft machen'."[76]

Die Reaktionen sind deutlich. Die Bundesvorsitzende der gemeinnützigen Bundesvereinigung Lebenshilfe, Ulla Schmidt, sagte dem Spiegel:

„Wir sind entsetzt über die Auslassungen von Herrn Höcke im MDR-Sommerinterview zum Thema Inklusion. Dieses Recht infrage zu stellen erachten wir als Tabubruch und schlicht als Skandal. Angesichts dieser menschenfeindlichen Haltung können wir nur ahnen, wie Herr Höcke mit Menschen mit Behinderung umgehen möchte."[77]

Christina Marx von der „Aktion Mensch" beharrt auf Inklusion als Menschenrecht: „Inklusion ist kein Ideologieprojekt, Inklusion ist ein Menschenrecht. Sie abzuschaffen ist ein Angriff auf die Menschenwürde."[78]

Er spaltet die Wähler wie kein zweiter deutscher Politiker, meint der Mitteldeutsche Rundfunk: Thüringens AfD-Chef Björn Höcke gilt seinen Fans fast als Heilsbringer und seinen Gegnern als Dämon. 2024 will er nach der Macht im Land greifen. Die Thüringer AfD hat 2023 ihr zehnjähriges Bestehen gefeiert. Fast von Beginn an steht Höcke an der Spitze. Für den gebürtigen Westfalen, der früher Mitglied der Jungen Union war, beginnt 2013 der steile Aufstieg in der Partei. Damit soll nicht Schluss sein. 2024 will Höcke, sagt er öffentlich, die Machtfrage stellen. Schon jetzt scheint klar: Aus dem wohl guten Abschneiden der AfD bei der anstehenden Landtagswahl wird der 51jährige den Anspruch auf Regierungsbeteiligung ableiten. Wohl wissend, dass ihm dafür die Optionen fehlen.

In Gera, im Rahmen einer Kundgebung mit fast 10.000 Teilnehmern, nennt er die Bundesregierung „Schreckenskabinett" und redet davon, die „Altparteien" hätten es auf die „Seelen unserer Kinder" abgesehen.

Doch Schlagzeilen verursachende Ausfälle – als Höcke bei einer Rede das Berliner Holocaust-Mahnmal „Denkmal der Schande" nannte, eine „erinnerungspolitische Wende um 180 Grad" forderte oder Corona-Impfungen mit den Menschenversuchen der Nazis verglich – blieben zuletzt aus. Polarisieren: ja. Skandalisieren: nein. Beobachter sehen darin weniger eine Mäßigung des AfD-Frontmanns. Vor allem scheint es dem Extremisten in den vergangenen Jahren gelungen zu sein, die Grenze des Sagbaren zu verschieben. Was früher eine Schlagzeile war, ist heute akzeptabel, kritisieren Politikwissenschaftler und Soziologen. Ein zweifelhafter Verdienst. Gleichwohl lässt Höcke weiterhin keine Zweifel an seinen Ansichten aufkommen. Dazu hat er das Hantieren im Besteckkasten der Populisten-Rhetorik professionalisiert. Der Interpretationsspielraum im Gesagten ist kalkuliert. Genau wie die Gratwanderung zwischen Berufspolitiker und Verschwörungstheoretiker. So erklärte Höcke 2023 im Landtag, Deutschland sei „ein fremdbestimmtes Land", bezweifelte das Funktionieren der Demokratie und sprach von der Macht von „Dunkelmännern" im Staat.

2023 ist Björn Höcke vorerst auf dem Höhepunkt seiner politischen Laufbahn angekommen. Der ehemalige Lehrer hat im eigenen Landesverband und der Bundespartei die Fronten zu seinen Gunsten geklärt. Er ist heimlicher Parteichef. Mit Jörg Meuthen hat der letzte wahrnehmbare Widersacher das Handtuch geworfen und die AfD verlassen. An der Spitze der Bundespartei stehen mit Tino Chrupalla und Alice Weidel zwar zwei bekannte Köpfe. Beide sind jedoch längst nicht so gut vernetzt wie Höcke. Der 51jährige weiß seine Flügelianer hinter sich, also die ehemaligen Mitglieder des offiziell aufgelösten „Flügels". Aus ihren Reihen rekrutiert sich mittlerweile fast der gesamte Bundesvorstand. Ein Akt, den Höcke auf dem Bundesparteitag in Riesa vorbereitet und erfolgreich vollendet hat.[79]

8.9. Ehrenvorsitzender Alexander Gauland

Geb. am 20. Februar 1941 in Chemnitz, evangelisch, verheiratet, ein Kind.

1959 Abitur in Karl-Marx-Stadt, anschließend Flucht in den Westen; 1960 Ergänzungsprüfung zum Abitur in Darmstadt; Studium der Geschichte, Politikwissenschaft und Jura in Marburg sowie Gießen; 1966 Erstes Staatsexamen; 1970 Promotion; 1971 Zweites Staatsexamen.

1970-1972 Mitarbeiter des Presse- und Informationsamtes der Bundesregierung; 1974-1975 Presseattaché am Generalkonsulat in Edinburgh; 1975-1977 Mitarbeiter der CDU/CSU-Bundestagsfraktion.

1977-1986 Büroleiter des Frankfurter Oberbürgermeisters; 1987-1991 Staatssekretär in der hessischen Staatskanzlei; 1991-2006 Herausgeber und Geschäftsführer der „Märkischen Allgemeinen Zeitung". CDU-Mitglied, Austritt; AfD-Gründungsmitglied; 2013-2017 stellvertretender Bundessprecher.

Einige Äußerungen: „Alexander Gauland hatte die AfD zuvor in seiner Rede sogar aufgefordert, sich gänzlich vom Gedanken an einen Dexit fernzuhalten. 'Was für England gilt, gilt nicht für Deutschland', sagte er. 'Das Misstrauen wäre gewaltig, man würde wieder von einem deutschen Sonderweg sprechen.' Der Grund: Deutschland sei ja ehemals ein nicht so guter Nachbar gewesen. Statt eines Austritts gab er als Ziel der AfD vor: 'Wir sollten die EU von innen verändern.' Gegen 'Zentralismus', 'Bürokratie' und das 'Schengen-System' will Gauland eine 'flexible EU der Vielfalt' setzen. Wie Meuthen und der vierte Redner, Guido Reil, versuchte Gauland damit, einen Begriff der Liberalen und Linken umzumünzen: Statt Vielfalt in Gesellschaften strebt die AfD die Vielfalt in sich homogener Nationen an. 'Wir bringen Vielfalt in das Parlament', so Gauland, 'jene Vielfalt, die für Europa so typisch ist.' Gauland malte auch noch das Bild eines Europas, das schon immer von Eroberern bedroht sei. Seien es in der Antike die Perser und Karthager gewesen, so heute die Afrikaner. In der Migrationskrise sah Gauland auch die Ursache für die jüngste Krise der EU und gab insbesondere der deutschen Kanzlerin die Schuld: 'Der Brexit wäre ohne Merkels Einwanderungspolitik nicht zustande gekommen', sagte er, 'ihr war die Einwanderung wichtiger als die Mitgliedschaft der Briten.'"[80]

Was betroffen macht, ist, dass Menschen wie Alexander Gauland, der immerhin Herausgeber der reichweitenstärksten Zeitung Brandenburgs war, ein so erbärmliches Politik- und Geschichtsverständnis haben, wenn er vor der „Jungen Alternative" Thüringens, der AfD-Jugendorganisation, sagt: „Hitler und die Nationalsozialisten sind nur ein Vogelschiss in 1000 Jahren erfolgreicher deutscher Geschichte."

Die deutsche Geschichte begann 1871. Seither gab es keine annähernd widerliche Erscheinungen wie Hitler und die Nationalsozialisten. Unter den Germanen gab es eine Reihe fragwürdiger Figuren, aber Hitler stellte alle in den Schatten. Die pauschale Heroisierung einer Geschichte, die es nicht gab, wirft ein deutliches Licht auf einen Mann, der sich die Wahrheit zusammenschustert, wie er sie glaubt brauchen zu können.

Von den historischen Laubsägearbeiten des Herrn Gauland zu einem neuen Hoffnungsträger der AfD:

8.10. Maximilian Krah, AfD-Spitzenkandidat für Europawahl 2024

Geb. am 28.01.1977 in Dresden, lebt in Dresden, ist katholisch, verwitwet und hat 8 Kinder von 3 Frauen. Krah wurde als jüngstes von 3 Kindern eines Ingenieurs und einer Sonderschulpädagogin in der Oberlausitz geboren, wuchs aber in Dresden auf. Sein Vater Peter Krah ist CDU-Mitglied und war nach 1990 Referent im sächsischen Innenministerium. Krah legte 1995 das Abitur am Dresdner Kreuzgymnasium ab. Nach dem Wehrdienst studierte er ab 1996 Jura in Dresden. Krah wurde während des Studiums Mitglied der katholischen Studentenverbindung Chursachsen im CV (Cartellverband der katholischen deutschen Studentenverbindungen) und später „Alter Herr". Er legte 2002 und 2004 beide juristische Staatsexamen ab und promovierte 2011 mit einer rechtsvergleichenden Arbeit zum Unternehmenskauf. 2010-2012 folgte ein postgraduales MBA-Studium, getragen von der London und der Columbia Business School (New York).

Das Europaparlament veröffentlicht Krahs berufliche Stationen:

„Gründungspartner von Weiler Krah Petersen LLP, einer Anwaltskanzlei mit Schwerpunkt auf juristischer und strategischer Beratung in Mittel- und Osteuropa (Dresden)." 2009-2018 Mitglied des Verwaltungsrates und Geschäftsführer von Laetitia AG, einem Unternehmen, das sich auf Beratung und Private Equity Management spezialisiert hat (Zug, Schweiz); 2005-2015 Rechtsanwalt bei Fetsch Rechtsanwälte, einer auf Gesellschaftsrecht spezialisierten Sozietät (Dresden); 2008-2014: Delegierter des Verwaltungsrats, Dello Sarto AG (Zug); 2008-2013: Stiftungsvorstand der Jaidhofer Privatstiftung, einer philantropischen österreichischen Stiftung: zuständig für die Vermögensverwaltung von Abwicklungskapital und die Entwicklung gemeinnütziger Projekte weltweit (Wien); 2006-2007 im Aufsichtsrat Faass AS, ein auf den Bau von Industriefußböden in Deutschland, Polen und Russland spezialisiertes Unternehmen (Riga, Lettland).[81]

Nach Unterlagen, die dem „Spiegel" vorliegen und die Krah bestätigte, wurden von ihm jahrelang millionenschwere Vermögenstransaktionen der Piusbruderschaft getätigt. Die Priesterbruderschaft St. Pius X. ist eine Priestervereinigung katholischer Traditionalisten. Sie wurde 1970 von Erzbischof Marcel Lefebvre gegründet, um sich v.a. der Ausbildung römisch-katholischer Priester zu widmen. Im Zuge einer Erbschaftsübernahme errichtete Krah eine Firma in Liechtenstein, eine Privatstiftung in Wien sowie eine Aktiengesellschaft in der Schweiz zum Zweck der Steuervermeidung. Wie Krah dem Spiegel sagte, sei es damals darum gegangen,

„eine elegante und verschwiegene Möglichkeit zu finden, das Erbe im Sinne der Bruderschaft zu verwalten". Auch in der Affäre um den wegen Volksverhetzung verurteilten ehemaligen Bischof der Bruderschaft Richard Williamson, der den Holocaust geleugnet hatte, war Krah als Anwalt aktiv.

Krah übernahm eine Reihe politisch brisanter Fälle. So hat er die Männer vertreten, die 2016 vor einer Kaufhalle im sächsischen Arnsdorf einen irakischen Flüchtling an einen Baum fesselten. Eine weitere Mandantin war Susanne Dagen, Dresdner Buchhändlerin und Stadträtin der Freien Wähler, die gegen ihren Ausschluss von einem Workshop zu „rechten Netzwerken" im Hygiene-Museum klagte. Auch den als „Hutbürger" bekannten ehemaligen LKA-Mitarbeiter und Pegida-Anhänger Maik G. vertrat Krah, in einem Verfahren gegen das ZDF. Er ist heute Rechtsanwalt in Biberach/Riß und Mitglied der Rechtsanwaltskammer Tübingen.

1991 trat Krah 14jährig der Jungen Union und 1996 der CDU bei. Während seines Jura-Studiums war er Vorsitzender des lokalen RCDS und Studentenvertreter im Fachschafts- und Fakultätsrat. 1998 war er studentischer Mitarbeiter der CDU-Bundestagsabgeordneten Christa Reichard und hatte danach verschiedene Parteiämter inne, u.a. als Pressesprecher des CDU-Kreisverbands Dresden. Krah trat im 2016 aus der CDU aus. Dabei schaltete er eine Homepage, um andere CDU-Mitglieder zu bewegen, es ihm gleichzutun. Er trat 2016 der AfD bei und wurde im 2018 zum stellvertretenden Vorsitzenden der AfD Sachsen gewählt.

Krah publiziert auf dem AfD-nahen Internetportal „Deutschland-Kurier" unter „Hier kräht der Krah". 2022 wurde er vom 13. Bundesparteitag der AfD ohne Gegenkandidaten zum 4. Beisitzer des Bundesvorstands gewählt.

2018 wurde Krah von der Europawahlversammlung der AfD in Magdeburg auf Listenplatz 3 für die Europawahl gesetzt und 2019 ins Europaparlament gewählt. Dort gehört Krah der Fraktion „Identität und Demokratie" (ID) an, ist Delegierter für die Beziehungen zu den Vereinigten Staaten sowie stellvertretendes Mitglied im Ausschuss für internationalen Handel (INTA) und der Delegation in der Parlamentarischen Versammlung „Euronest". Er war 2019-2022 stellvertretender Vorsitzender der AfD-Delegation im Europaparlament. Das Bundesamt für Verfassungsschutz stuft Äußerungen Krahs als völkisch-nationalistisch, islam-, fremden- und verfassungsfeindlich ein. Er vertritt ethnopluralistische Positionen und verkehrt in der Neuen Rechten.

Was auffällt, sind die hoch privilegierten Ausbildungen und Lebensläufe der AfD-Politiker/innen. Außer Tino Chrupalla, der Handwerksmeister ist, dem man Verbundenheit mit mittelständischen Interessen unterstellen kann, hat sich keiner aus der Führungselite je mit „kleinen Leuten“ befasst.

Umso erstaunlicher ist, wie solche Menschen diese verächtliche und beleidigende Sprache für ihre Arbeit nutzen. Denn Gegenstand jeder qualifizierten Ausbildung ist zugleich ein kompetenter sprachlicher Umgang, auch mit Andersdenken. Da es den AfD-Verantwortlichen nicht wirklich um politische Inhalte geht, sondern um politische Karriere und einen verinnerlichten Hass auf Ausländer sowie seriöse Eliten, werden diese Abgründe offenbar billigend in Kauf genommen. Die Freude an sinnloser Destruktion, das abgehobene und guerillaartige Vorgehen gegen das konventionell Erfolgreiche kenne ich von den 68ern, als Maoisten, SDS und sog. K-Gruppen „im Dienst der Arbeiterklasse“ ein von fieberhaftem Aktivismus getriebenes Leben als leninistische „Kader“ führten. Die wirklichen Interessen der Arbeiter zielten auf Lohnerhöhungen, Reformen und sozialen Aufstieg ihrer Kinder, nicht auf Revolution. Auf sich selbst zurückgeworfen, versanken viele K-Gruppen in sektiererischen Positionskämpfen und lösten sich Ende der 70er-Jahre auf. Dieses Schicksal haben auch alle mir bekannten nationalkonservativen Gruppen und Parteien im Nachkriegsdeutschland erlitten.

Die Sozialwissenschaftlerin Cornelia Koppetsch gibt eine weitere Erklärung:

„Viele halten sich für die Repräsentantinnen und Repräsentanten der traditionellen Oberschicht, die noch alte Werte hochhält, auf die aber keiner mehr hört. Damit aus dieser Haltung eine Protesthaltung wird, muss allerdings mehr hinzukommen: Eine persönliche Enttäuschung, ein beruflicher Rückschlag, eine Krise, die sie mit allgemeinen gesellschaftlichen Missständen oder Krisen in Verbindung bringen. In den traditionellen Theorien zum Rechtspopulismus kommt diese Gruppe allerdings noch nicht vor. Man hat geglaubt, dass akademisch gebildete Menschen den Rechtspopulisten nicht angehören dürfen ...

Einige scheinen zu glauben, dass sie unangepasst und kritisch wären. Das stimmt aber nur bedingt. Zum einen verpflichten sie sich auch als Wissenschaftler der „Treue zur Verfassung“. Zum anderen sprechen zwar viele von Integration, Inklusion und Weltoffenheit. Doch sind die meisten von ihnen genau die, die in den guten Stadtteilen wohnen, vielleicht sogar Hauseigentum besitzen und ihre Kinder in Kindergärten und Schulen mit den besten Bildungschancen schicken. In ihrem direkten Umfeld gibt es also zum Beispiel kein ‘Ausländerproblem’. Man kann leicht über etwas reden, wenn einen das Problem nicht betrifft.“ [82]

Vielleicht halten es die AfD-Funktionäre auch hier wie Ideologen der 68er mit ausnahmslos bürgerlicher Herkunft, welche die normale Sprache als kleinbürgerliche Irreführung verdammten und die Einführung von Fäkalsprache im Unterricht für einen emanzipatorischen Gewinn hielten.

9. Die Demokratie und der Populismus

Im Phänomen des Populismus spiegeln sich viele Aspekte der gesellschaftlichen Entwicklung: Verunsicherung, Verlustängste, geschiedene soziale Welten, unterschiedliche Gesellschaftsentwürfe, das soziologisch als auch theologisch problematische Verhältnis zwischen „wir" und „die anderen".

Populismus verbindet die Identitätsfrage mit einem kritischen Verständnis politischer Repräsentation. Wer ist das Volk und wie wird der Volkswille verwirklicht? Gibt es einen Volkswillen? In der repräsentativen Demokratie der Bundesrepublik Deutschland wirken laut Artikel 21 GG die Parteien an der politischen Willensbildung des Volkes mit. Die von den Parteien aufgestellten Abgeordneten sind Vermittler zwischen unseren frei gewählten Institutionen und der Wirklichkeit. Hier ist ein beklagenswerter Legitimationsverlust der politischen Institutionen eingetreten, der mit der Konzentration der etablierten Parteien auf die gesellschaftliche Mitte zu tun hat und mit der inkonsequent gesteuerten Einwanderung.

Man kann die These vertreten, dass gerade Letzteres ein institutionelles Versagen des (deutschen) Parlamentarismus darstellt. Unser parlamentarisches Regierungssystem beruht auf dem Gegensatz von Regierung und Opposition: Normalerweise gibt es eine Regierung, die Entscheidungen trifft, und eine Opposition, die dagegen Stellung bezieht. Das institutionalisiert den gesellschaftlichen Diskurs. In der Flüchtlingsfrage ging die Konfliktlinie jedoch quer durch alle Regierungsparteien; die bestimmende Oppositionspartei waren die flüchtlingsfreundlichen Grünen. Der Druck im Kessel nahm zu, aber obendrauf saß als Pfropfen eine Kanzlerin, zu der es damals keine Alternative gab. Diese Rede von der Alternativlosigkeit hat die Menschen verrückt gemacht und auf die Straßen getrieben. Das hat auch die braunen Elemente der Gesellschaft nach oben gespült.

„Im 19. Jahrhundert konnten sich die Parteien zu Recht als die Interessenvertreter der jeweiligen Klassen, Schichten und sozialen Gruppierungen im politischen Raum verstehen. Wenn die gesellschaftliche Differenzierung erodiert, erodiert damit aber zugleich auch die soziale Basis der politischen Parteien. Sie können dann nicht mehr die Organisationen sein, die die Interessen der Klassen, Schichten und sozialen Gruppen zur Geltung bringen, sondern müssen sich nolens volens in Einheiten verwandeln, die ein Eigeninteresse definieren, für das sie sich dann im gesellschaftlichen Raum die soziale Basis erst suchen müssen. Die originären Interessen, die die politischen Parteien vertreten wollen, sind ihnen weithin abhandengekommen. Händeringend gehen sie dazu über, jene gesellschaftlichen Gruppen ausfindig zu machen, als deren Anwälte sie sich verstehen könnten. Mit Hilfe von Experten und Kommissionen denken sie sich Programme aus, um dann im zweiten Schritt Leute zu entdecken, die bereit sind, sich damit zu identifizieren und bei den Wahlen entsprechend zu votieren. Auf diesem Hintergrund wird ein großer Teil des Irrlichterns verständlich, das die politischen Parteien schon seit langer Zeit an den Tag legen. Sie gleichen den Unternehmern, die die Marktlücke ausfindig machen, in die sie mit ihren Produkten hineingehen können."[83]

Interessant ist auch das Argument: „Parteien passen sich verantwortungsbewusst Sachzwängen an und sind so für die Wünsche der Wähler nicht mehr wirklich empfänglich. Sogar in ihren Politikidealen werden sie sich immer ähnlicher, die Verantwortungsethik diktiert die Grundsatzprogramme und die Praxis. Der Aufstieg von Protestparteien ist die logische Folge."[84]

Unter einem zusammengebastelten Label versammelte sich ab dem Herbst 2014 eine zunehmende Menschenmenge, es entstand ein Medien-Hype, man sprach von „Spuk", „Pack", „Neo-Nazis in Nadelstreifen", „komischer Mischpoke". Wer waren diese Leute, die eine deutschlandweite Wirkung erzielten, über die im Ausland berichtet wurde und die das Image von Dresden nachhaltig schädigte? Das Spektrum bewegte sich zwischen gemäßigtem Konservativismus mit Skepsis gegenüber der Zuwanderung (die größte Gruppe) sowie einer radikaleren Ablehnung des Fremden (19 % werden angegeben). Interessant an PEGIDA, wie sich die Bewegung nannte, waren die mediale Rezeption und die (hierdurch erst erzeugte) gesellschaftliche Debatte. Bald beherrschte PEGIDA die Kommentare und Talkshows. Es stellte sich eine regelrechte Wechselwirkung zwischen Kritikern und Angehörigen der Bewegung ein. Politiker, Kirche, Gewerkschaften äußerten sich, die Atmosphäre in Dresden selbst war gespannt. Aufgrund der frühen Mobilisierungserfolge von PEGIDA und der medialen Aufmerksamkeit erlangte das Thema Asyl- und Integrationspolitik größere Aufmerksamkeit in Deutschland. Wie auch jetzt im Umfrage-Hype der AfD. Man konnte und kann vor allem in den sozialen Medien eine deutliche Verrohung der Diskussionskultur beobachten.

Das soziale Profil von PEGIDA bleibt wohl immer im Ungefähren. Entscheidend scheint zu sein, dass hier eine zweifelhafte, eine unheilvolle Entwicklung ihren Ausgangspunkt hatte. PEGIDA steht für eine Veränderung der Debattenkultur, für eine Verunsicherung in der Gesellschaft, für das Brechen von Tabus, für Widersprüchlichkeit, eine Verunsicherung der politischen Elite, eine Misstrauenserklärung an die Mediengesellschaft, die Abwesenheit von Verantwortung in den sozialen Medien, für Analyse- und Bewertungsprobleme in den Sozialwissenschaften, für ein Einfallstor des Rechtsextremismus – mithin für alles, was Populismus ausmacht.

Rechtspopulistische Parteien brauchen eine „Gelegenheitsstruktur", die Gunst der Stunde, wie eine Banken- oder eben die Flüchtlingskrise. Dieser „Populist moment" muss sich mit Gefühlen verbinden, die latent schon vorhanden waren, aber nun hervortreten. Diese kann z.B. die Globalisierung als „Krise des Weltverstehens" sein.

Der Boden für die Gründung der AfD war bereitet. Im Ergebnis ist es die „völkische Radikalisierung einer Wutbürgerpartei", die es geschafft hat, das deutsche Parteiensystem nachhaltig zu verändern. Die AfD ist eine gespaltene Partei, wobei der rechtsnationalistische Flügel um Höcke nicht zu zähmen ist. Die Partei ist über persönliche Kontakte und durch inhaltliche Überschneidungen mit vielen rechtsextremen Multiplikatoren, Gruppen und Verlegern vernetzt. Vor allem: Bürger/innen nehmen mit ihrer Wahlentscheidung unter Berufung auf Freiheit und Demokratie das Recht auf Intoleranz und Gruppenegoismus in Anspruch, begreifen sich gerade hierdurch als Demokraten und stellen so den gesellschaftlichen Diskurs, wie er von den Eliten gepredigt wird, auf den Kopf.

Der Aufruf von Sahra Wagenknecht und Oskar Lafontaine zur Gründung einer Sammlungsbewegung sollte zwar eine linke Mehrheit organisieren, aber auch Stimmen bei der AfD fischen. Strategisch muss die Linkspartei den Anspruch haben, manche AfD-Wähler zurückzuholen. In der Tat sind die Existenz eines starken Sozial- und Rechtsstaats und eine handlungsfähige Polizei Kernforderungen der Linken, denn gerade sozial Schwache können für ihre Sicherheit nicht privat aufkommen. Indem Wagenknecht und Lafontaine aber offene Grenzen für Kapital und Menschen kritisieren, von der „Wahrung kultureller Eigenständigkeit" reden sowie „Respekt vor

Tradition und Identität" fordern, sind sie nahe an der AfD. Insofern hoffen viele, der AfD-Boom könne gestoppt werden, sofern Wagenknecht mit einer eigenen Partei antreten sollte.

Die Frage der vermeintlich ungesteuerten Zuwanderung ist das alles bestimmende Moment in der Debatte, sie befeuert den Populismus. Das politische Klima in Deutschland ist mit dem Schock des Jahres 2015 ein anderes geworden. Einwanderung ist kein Konsensthema, sondern wirkt polarisierend. Idealtypisch hierfür stehen die beiden Begriffe „Weltoffenheit" und „Fremdenfeindlichkeit", die Deutschland in ein helles und in ein dunkles Licht tauchen. Offensichtlich wurde eine Sprache der Mitte noch nicht gefunden, die es möglich macht, im Respekt voreinander über ein Thema zu reden, das unser Gemeinwesen elementar trifft.

Ein entscheidender Grund hierfür ist die Umdeutung einer politischen Frage – nach welchen Regeln und in welchem Umfang Menschen aus aller Welt das Recht haben sollen, sich dauerhaft in Deutschland niederzulassen – in eine moralische. Die moralische Aufladung der Thematik (auch vor dem Hintergrund der deutschen Vergangenheit) steht im Spannungsverhältnis zum realpolitischen Vorgehen. Ziel muss es sein, für das Verantwortbare und das Zumutbare zu werben. Die notwendige Sprache der Mitte wird durch die sozialen Medien nicht befördert. Die Art und Weise, wie sich Menschen mit Hilfe der sozialen Medien informieren und austauschen, bedeutet jedenfalls keinen Gewinn an Diskursfähigkeit, wie vor 20 Jahren gehofft wurde. Neben Unsinn und Zerstreuung sind es vor allem Polemik und Hass, die in diesen Medien transportiert werden.

Es stellen sich Fragen, welche um die politische Identität unserer Gesellschaft kreisen; denn nichts ist sozialpsychologisch schwieriger, als positive Identität zu definieren:

- Wie wirbt man attraktiv für die Vorteile unserer pluralistischen Demokratie?
- Wie kann man in der politischen Mitte mit Komplexität und zivilisiertem Streit um beste Lösungen werben?
- Wie schaffen wir elementare Demokratie-Erlebnisse, um den Erhalt des sozialen und gesellschaftlichen Friedens in einer heterogenen Gesellschaft bei Wahlen zu mobilisieren?

Es fehlen die Visionen, die bisher in „höher, weiter und reicher" bestanden, aber auch in einem Mehr an Sicherheit und Planbarkeit der Lebensumstände. Geblieben ist die Tendenz zu immer mehr administrativer Kontrolle und Technokratie, die uns früher nur nicht aufgefallen ist, weil sie unseren Wohlstand verwaltet hat. Jede Zertifizierung, jede Qualitätskontrolle, jede Verpackung aus Gründen des Lebensmittelrechts, jede Verschärfung des Baurechts war ja auch ein Symbol wachsenden Besitzes.

„Es sind keine einfachen Lösungen möglich, wie sie der Populismus einfordert. Eine der Ursachen des Populismus war sicherlich das Verwaltungshandeln des Staates in der Flüchtlingskrise, dieser als Staatsversagen empfundene Flaschenhals der Abarbeitung einer Herausforderung. Phasenweise verlor die bundesdeutsche Verwaltung den Überblick über die tatsächliche Entwicklung. Seit September 2015 bis Ende November 2015 passierten täglich etwa zehntausend Menschen die bundesdeutsche Grenze. Keiner wusste es genau, was eine beunruhigende Erfahrung darstellte. Man wusste auch nicht genau, wo sie verblieben. Die Antragsbearbeitung durch das BAMF kam der tatsächlichen Entwicklung nicht ansatzweise hinterher. Drittens schließlich wurde das subjektive Sicherheitsgefühl der Bevölkerung durch die bekannte Silvesternacht erschüttert, worauf sich auch die mediale Berichterstattung in ihrem Tenor änderte.“[85]

Das Regieren, verstanden als Anwendung von harter Macht, hat die Komplexität von Politik erhöht. Die Globalisierung hat dazu beigetragen, dass die Nationalstaaten Handlungsmacht verloren haben. Obwohl es auch Gegenpositionen gibt, hat die mit der Globalisierung verbundene wirtschaftliche Liberalisierung die Nationalstaaten zum schwächeren Partner des Kapitals gemacht. Da Populismus stets ein Element des Anti-Kapitalismus enthält, hat eine Politik des „Erklärens“ hier einen schwachen Stand.

So ist die Europäische Union ein Beispiel, wie Probleme nicht gelöst, sondern geregelt werden (was ein Unterschied ist), indem sie in ein überkomplexes Institutionengefüge verschoben werden. Man kann behaupten, dass demokratische Verhandlungen die Intransparenz befördern. Das mag ein Ergebnis vernunftgeleiteten Regierens sein, es ist aber auch Wasser auf die Mühlen der Populisten, die einfache Lösungen versprechen, wo es sie nicht gibt. Wir brauchen eine neue Geschichte über die Zukunft der Welt.

„Könntest du mir bitte sagen, welchen Weg ich von hieraus nehmen soll“, fragt Alice auf ihrem Weg durch das Wunderland die Katze. Worauf die Katze antwortet: „Das hängt zu einem guten Teil davon ab, wohin du willst.“

„Ach, darüber mache ich mir keine besonderen Gedanken“, sagt Alice.

Die Katze antwortet: „Dann ist es auch egal, welchen Weg du weitergehst.“

Mit diesen Worten beginnt Klaus Koziol seine Ausführungen über die Zukunft der Gesellschaft, die ihren Ausgangspunkt nehmen bei den unabsehbaren Folgen der Digitalisierung.[36] Wie bei Alice ist es in dieser Welt: Nur wer sein Ziel kennt, kann den rechten Weg suchen. Hat man dieses Ziel nicht, ist jeder Weg richtig oder falsch. Die Frage lautet, ob die Menschen angesichts der technischen und gesellschaftlichen Entwicklung eine Vorstellung von der Zukunft haben, eine Vision, einen besonderen Gedanken, oder ob wir leben wollen, als ob es kein Morgen gibt?

Ebenso stellt sich die Frage nach der Steuerbarkeit der Welt: Sind alle Entwicklungen unaufhaltsam; sind sie allein durch die Wirtschaft bestimmt; welche Autonomie hat der Mensch; und wie funktioniert der Mensch? Weiter geht es darum, ob wir einen oder mehrere handlungsleitende Werte erkennen, die einen gesellschaftlichen Konsens repräsentieren. Ein besonders spannender Gedanke ist die Beobachtung, dass die Menschen der nördlichen Erdhalbkugel evtl. „satt" sind und darum auf dem Status quo beharren, wobei der Hunger im Süden ihnen egal ist.

Was ist „Fortschritt"? Ist unser Verhältnis gegenüber der Zukunft von Optimismus oder von Angst bestimmt; motiviert uns die Zukunft zum Handeln? Zukunftsdenken bewegt sich zwischen Angst und Zuversicht.

Einige Beobachter meinen, die Menschheit stehe am Scheideweg. Man vertritt die wissenschaftlich begründete Überzeugung, so gehe es nicht weiter; aber Alternativen sind nicht sicht- oder durchsetzbar. Man kann Hoffnung in die Technik setzen, wie es die Bundesregierung tut. Bessere Heizungen, Elektro-Autos – aber bitte keinen kulturellen Wandel, keine Geschwindigkeitsbegrenzung auf den Autobahnen und vor allem keine Kosten für die Bevölkerung. Das Vertrauen in die Technik hat beinahe religiöse Qualität; man lädt alle Sorgen auf die Schultern einer mythischen Instanz. Ein solcher Mythos sind auch die Selbstheilungskräfte des Marktes; der Begriff repräsentiert den Verzicht der Menschen auf verantwortliches Handeln, denn alles passiert von selbst. Dies ist eine Form von Fatalismus, die Abwesenheit einer handlungsleitenden Idee. Aber ohne eine inspirierende Erzählung über die Ziele und den Sinn des Fort-schritts wird die Zukunft zur Qual. Anthropologisch gesprochen möchte der Mensch nicht Spielball, sondern Gestalter der Entwicklung sein. Die These lautet, dass die Hoffnung auf ein Leben in Fülle die Antriebskraft für Engagement und Kreativität ist.

Richtig bleibt: Das Wachstum hat uns Wohlstand gebracht, doch die Moderne hat keine Erzählung, wie sie (die Moderne) weitergehen kann und soll. An dieser Stelle spielt die „Kategorie der Möglichkeit" eine besondere Rolle, und hier sind es Orientierungsgeschichten, die nötig sind, um die „Kategorie der Möglichkeit" mit Leben zu füllen und Fantasie für die Zukunft zu entwickeln. Gerade der Europäischen Union fehlt solche Erzählung. Die Selbstverständlichkeit des Friedens wurde jäh widerlegt, und die Behauptung des wirtschaftlichen Wohlstands ist zweifelhaft. Alles ist Krise, Streit und Verhinderung. In dieser Situation fordert Jürgen Habermas in einem vielfach übersetzten Essay ein „neues überzeugendes Narrativ", welches die Europäische Union als „entscheidenden Schritt auf dem Weg zu einer politisch verfassten Weltgesellschaft" begreift.

Geschichten erzählen gehört zum Wichtigsten in allen Kulturen. Der westliche und transatlantische Konsens über eine gemeinsame Geschichte von Wachstum, Wohlstand, Glück und Frieden, Aufstieg und Demokratie war lange identitätsstiftend; aber heute stellt sich die Frage nach dem Sinn, die unter den Bedingungen der Globalisierung lautet: Was verbindet Menschen jenseits von Ost und West, Nord und Süd? Wir brauchen eine Geschichte, die wir uns erzählen, um ein Zusammenleben zu ermöglichen.

In einem Buch des Ökonomen und Psychiaters Stefan Brunnhuber über das Denken des Philosophen Karl Popper, das eine Offene Gesellschaft fordert, steht: „Was den Menschen so erfolgreich gemacht hat, war nicht seine individuelle Wettbewerbsfähigkeit, sein Werkzeuggebrauch, der aufrechte Gang oder seine abstrakte Intelligenz, sondern die Fähigkeit, sich Geschichten erzählen zu können, an deren Inhalte dann alle glauben. Es sind meist Geschichten, welche nicht nur von der natürlichen Welt handeln, sondern von einer selbst gemachten, gleichsam zweiten, kulturellen Realität. Sie handeln von Ideen, welche ihren Mitgliedern immer einen gewissen Abstraktionsgrad abverlangten, der über das Konkrete und Faktische hinausreicht. Und es sind dann meist Geschichten über Gott, Tod und Endlichkeit, über Technik, über Naturgesetze, Geld, Macht und Politik. Erst der gegenseitige Glaube an jene fiktionalen Narrative ist die Grundlage dafür, dass Menschen in großer Anzahl koordiniert zusammenarbeiten können."[87]

Die Orientierungserzählung ist nur dann für die Menschen motivierend, wenn sie deren basale Bedürfnisse berührt. Sie muss Antworten geben auf die Fragen nach dem Sinn von Arbeit, Zukunft, Zusammenleben und letztlich nach dem Sinn des Lebens. Eine Orientierungsgeschichte, die Möglichkeiten erzählt, ist eine kommunikative Orientierung in Gesprächen, Berichten, Büchern oder in der Wissenschaft. Eine solche kommunikative Orientierung hat mit anderen Orientierungen gemein, dass „Spielräume" existieren, in denen Alternativen auftreten. Wie bei der geografischen, der ökonomischen oder der politischen Orientierung müssen Entscheidungen unter Ungewissheit getroffen werden.

Auch Papst Franziskus schlägt in seiner Enzyklika Laudato si' eine kommunikative Orientierung vor: „Ich lade dringlich zu einem neuen Dialog ein über die Art und Weise, wie wir die Zukunft unseres Planeten gestalten. Wir brauchen ein Gespräch, das uns zusammenführt, denn die Herausforderung der Umweltsituation, die wir erleben, und ihre menschlichen Wurzeln interessieren und betreffen uns alle" (14).

Wir brauchen neben der neuen Geschichte über die Zukunft der Welt: ein nachhaltiges Konzept der Migration, das auch verwaltungstechnisch umsetzbar ist – eine narrative Kommunikation von politischem Handeln – eine andere Auseinandersetzung mit der AfD – Politiker/innen, die neben ihrer für das Amt notwendigen Qualifikation auch die Grundlagen der Hirnfunktion kennen und berücksichtigen, wie es der Psychotherapeut Hans-Otto Thomashoff nennt:

„Die Demokratie der Nachkriegszeit ist fraglos ein Erfolgsmodell, nie ging es so vielen Menschen so gut wie heute. Aber wir dürfen uns nichts vormachen: Die Unzufriedenheit wächst in breiten Teilen der Bevölkerung und bricht sich Bahn in Gestalt des Wutbürgers, in Politikverdruss, Protest und Populismus. Die Pandemie verstärkt diese Entwicklung nur. Verantwortlich dafür ist die Politik. Fatalerweise ignorieren unsere Volksvertreter, wie der Mensch tickt und welche psychischen Grundbedürfnisse er hat ... Politisch geschulte Redner setzen am Gefühl an, sie bieten einfache Lösungen für komplexe Probleme an: Ausländer raus, dann haben alle Arbeit. Die Wahlkampfreden von Politikern am politischen Rand sind Lehrbeispiele für Manipulationstechniken. Sie machen sich zunutze, dass, wenn wir unter Stress stehen, unsere emotionalen Impulse stärker sind als unsere Selbststeuerung ... Wie sollte die Politik dem entgegensteuern? Indem sie mit Parteien und Gruppierungen an den Rändern den Dialog sucht, solange die sich innerhalb der demokratischen Grundordnung bewegen. Politiker sollten den Mut finden, die Wut der Menschen offen anzusprechen, negative Gefühle zu benennen, um diese zu entschärfen. Schließlich lassen sich Gefühle nicht verbieten, das belegt die Hirnforschung. Aktuell mangelt es den Politikern an Visionen und langfristigen Perspektiven für den gesellschaftlichen Wandel, den wir dringend bräuchten."[88]

10. Die AfD würde Deutschland ruinieren

Bei allem Frust, den man über das derzeitige politische System bei uns empfinden kann: Die Gewaltenteilung zwischen Parlament, Regierung und der Rechtsprechung funktioniert, wir sind vergleichsweise gut durch die Pandemie gekommen, die uns vorhergesagte Energiekrise hat die Regierung entschärft, die Inflation ist rückläufig. Ein Blick über die Grenzen zeigt, dass wir keinen Grund haben, an unserem System grundlegend zu zweifeln. Die Rechten sind nicht nur in ostdeutschen Kleinstädten ein Jobkiller, der Investoren verschreckt. Der Austritt aus dem Euro und die Abwicklung der EU, was die AfD anstrebt, würde bei uns den Zusammenbruch von Teilen der Exportindustrie und Massenarbeitslosigkeit bedeuten.

Der Bund der Deutschen Industrie hat das verstanden und warnt vor jeder Zusammenarbeit mit den Rechten. Das ist erfreulich – es war in der deutschen Geschichte nicht immer so. Die Strategie gegen die Rechtsautoritären sollte vielleicht mehr auf die Wirtschaft als auf Moral setzen.

Was erleben wir in Ländern, in denen rechte und antidemokratische Politiker/innen regieren? In Polen versuchte die Regierung, Presse und Justiz unter ihre Kontrolle zu bringen und ihre Unabhängigkeit auszuhöhlen. Das bedrohte die Gewaltenteilung und das Gleichgewicht der Kräfte im Staat. Die Regierung wollte das polnische Justizwesen trotz internationaler Kritik umbauen. Aber jetzt steht in Polen wohl ein Regierungswechsel an ...

Zwischen der Politik der polnischen und der ungarischen Regierung in Bezug auf Verfassung und Justiz gibt es viele Parallelen. Doch ist die ungarische Regierung bereits seit 2010 im Amt. So sind die Änderungen in Ungarn weitreichender. 2018 erlangte die national-konservative Fidesz Partei in Koalition mit der KDNP 48,8 % der Stimmen und damit 133 der 199 Parlamentssitze. Ministerpräsident Victor Orbán konnte seine dritte Amtszeit in Folge antreten. Der Opposition und kritischen Medien drohte Orbán: „Wir sind sanfte und freundliche Menschen, aber wir sind weder blind noch tölpelhaft. Nach der Wahl werden wir uns Genugtuung verschaffen – moralische, politische und auch juristische Genugtuung."

In den vergangenen Jahren haben sich die Proteste gegen die Politik der Fidesz verstärkt. Dabei kommt der außerparlamentarischen Opposition eine besondere Rolle zu. So kam es zu verschiedenen Großdemonstrationen gegen die Regierung. Angesichts von Schwäche und Zerstrittenheit der Opposition sehen viele Bürger den Protest auf der Straße als wirksamstes Mittel, ihre Unzufriedenheit auszudrücken. Ungarn erlebt die schwerste wirtschaftliche Krise seit Langem und ist außenpolitisch isoliert.

Das sind die wichtigsten Beispiele europäischer Länder mit rechtsnationalen Regierungen, die zeigen, dass antidemokratische Politik zu politischer Isolierung führt, aus der sich viele Nachteile ergeben.

Wir selbst haben historisch allen Grund, nationalistische Politik zu verhindern, zumal die Weltordnung eine andere ist und nur die größten Player eine Chance haben. Es braucht ein vereintes Europa, um mit den USA, China und Indien schrittzuhalten. Auch ist es immer dasselbe Vokabular, dass Antidemokraten verwenden; es sind vergleichbare Entwicklungen in den Staaten, die rechtspopulistische Führer an die Macht lassen, und das Ende ist bekannt: politische Isolierung, wirtschaftlicher Niedergang, Missachtung der Menschenrechte bis hin zu Krieg und Vernichtung.

Ich ende mit einem Zitat: „Der kategorische Imperativ (also das oberste Gesetz) unserer Tage lautet, falsche Ideen sterben zu lassen, bevor Menschen für falsche Ideen sterben müssen ... Der Zug der Menschheit hat durch die kulturelle Evolution, durch Technik und Globalisierung so viel Fahrt aufgenommen, dass es unverantwortlich wäre, die Steuerknüppel ausgemachten Hohlköpfen zu überlassen.“ [89]

11. Was können Demokraten tun?

11.1. Politik verständlicher und einprägsamer kommunizieren

Leider wird die Narration in der politischen Arbeit vernachlässigt. In der Ökonomie ist es heute eine Binsenweisheit, dass neue Unternehmen und Produkte nur erfolgreich sein können, wenn Geschichten über sie erzählt und weitergegeben werden. Wir Menschen lieben Geschichten und schlagen uns schnell auf die Seite derer, die darin die gute Rolle spielen – ein segensreiches Feld für die Weiterbildung von Parteiverantwortlichen.

Bereits Ende der 1990er-Jahre wurde in den Medien gelegentlich die Frage gestellt, wann der erste „echte“ Internetwahlkampf stattfinden würde. Ich selbst habe noch im Rahmen meiner Dissertation zur Internet-Nutzung durch Abgeordnete geforscht und feststellen müssen, dass bei Stichproben alles andere als politische Seiten im Netz aufgerufen waren.

„Heute haben wir es mit einer neuen, erheblich beschleunigten und extrem weitreichenden Phase der Digitalisierung zu tun, die stark disruptive Züge trägt und die damit nicht mehr als schrittweise Weiterentwicklung, sondern als harter Bruch verstanden werden kann. Für die meisten Menschen ist das Internet heute überall und jederzeit mobil dabei, und dank Apps und Social Media so vielfältig und leicht zu nutzen wie kein Medium zuvor. Auf Anbieterseite spielen Technologien und Infrastrukturen wie Cloud-Computing oder lernende Algorithmen eine Rolle, die immer mehr Lebensbereiche erfassen und die Automatisierung von Kommunikation und Transaktionen ermöglichen", konstatiert das Zukunftsinstitut.

Die traditionellen Führungsansprüche von Politik und Medien werden heute immer weniger akzeptiert. Hinzu kommt, dass politische Sachverhalte durch die Globalisierung und Technisierung von Problemen immer komplexer werden. Die Zusammenhänge von Pandemie, Klimawandel und Folgen des Krieges in Europa z.B. sind für den politischen Laien nicht mehr zu durchdringen. Überdies darf jede/r Dummbatzen Meldungen posten, die über die sozialen Medien viele Menschen erreichen.

Die Lebenswelten ändern sich schneller als je. Moderne Gesellschaften und ihre Menschen stehen unter ständigem Veränderungsdruck. Immer mehr Menschen verstehen die Veränderungsrichtung und die zunehmende Komplexität nicht mehr. Statt aufgeklärten Bemühens um Verständnis der Komplexität wird radikaler Komplexitätsreduktion und Irritationsverweigerung gegenüber Experten und Wissenschaft Vorschub geleistet, sodass dramatische Vermittlungsprobleme für überlebenswichtige Entwicklungen folgen können.

Da kommt „Story-Telling" ins Spiel. Das Erzählen, die narrative Kommunikation, kann neue Möglichkeiten eröffnen und durch spannende Erzählungen Licht ins Dunkel bringen, Identifikationen fördern und Komplexität entwirren. Das „Story-Telling" hat seit einiger Zeit besondere Aktualität in der Kommunikationsbranche. Kaum ein Fachkongress kommt ohne entsprechenden Vortrag aus. Die Kernaussagen der Vorträge und Publikationen ähneln sich: Das Publikum interessiere sich seit je für Geschichten, widme ihnen mehr Aufmerksamkeit, könne sie sich besser merken und schenke ihnen mehr Glauben als anderen Kommunikationsformen.

Ich verdeutliche das am Beispiel „Zeitenwende": Die politische Entwicklung der letzten Jahre war ein Politkrimi. Es gab Helden, den Bundeskanzler und andere Regierungschefs, Minister/innen, auch Wissenschaftler wie den RKI-Präsidenten, politische Berater und Journalisten. Nicht zu vergessen: das Pflegepersonal, Busfahrer/innen und Kassierer/innen. Aber es gab auch qualifizierten Widerstand – und Verschwörungstheoretiker.

Es geht auch um internationale Interessen v.a. der USA und Chinas. Wie wirken sich die Abhängigkeiten von diesen Mächten auf unsere Situation aus? Es ist nötig, die Zeitenwende dramaturgisch verdaulich aufzuarbeiten

11.2. Die Ebene der moralischen Empörung verlassen

Die öffentliche Diskussion über die AfD wird beherrscht von moralischer Empörung. Der Rechtsextremismusforscher David Begrich regt stattdessen einen neuen Entwurf für eine solidarische Gesellschaft an:

„Das Dauerabonnement, welches die AfD auf Wahlerfolge hat, kann nur gekündigt werden, wenn die Auseinandersetzung mit der Politik der AfD die Ebene der moralischen Empörung verlässt und zu der Frage zurückkehrt, wie essenziellen Erfahrungen der Solidarität und ihrer Wirkung wieder Geltung verschafft werden kann. Die AfD profitiert von ressentimentgeleiteten Angst- und Abstiegserzählungen, die sie selbst entwirft. Die Worte für eine neue Erzählung, wie eine solidarische Gesellschaft aussehen kann, sind offenbar noch nicht gefunden.“ [90]

Der ver.di Landesbezirk Nordrhein-Westfalen warnt davor, in der gewerkschaftlichen Bildung auf Empörung zu setzen:

„An einer Zustimmung zu rechtspopulistischen Parteien und Positionen lassen sich nämlich die Einstellungen zu den herrschenden Reizthemen erkennen ... Wer sich produktiv mit dem Rechtspopulismus auseinandersetzen will, muss dessen Wirkungsmächtigkeit analysieren können, ohne dessen Positionen zu verstärken. Populismus lässt sich nicht mit Populismus bekämpfen – in einer Bildungsveranstaltung schon gar nicht. Und die politische Technik, populistische Positionen zu übernehmen, gleichzeitig aber deren Träger – die populistischen Parteien – zu stigmatisieren, ist weder ein dauerhaftes Erfolgsrezept noch politisch sinnvoll. Wir müssen analysieren, warum so viele populistische Positionen einleuchtend scheinen.“ [91]

11.3. Die dürftige Leistung der AfD-Landtagsfraktionen kommunizieren

Diese Peinlichkeit war bitter, aber André Barth versuchte es mit Humor: „Der vorliegende Gesetzentwurf ist ein Original aus unserer Fraktion, keine Kopie“, antwortete er am 4. Februar auf den Zwischenruf eines Abgeordneten im sächsischen Landtag. Die AfD-Fraktion, der Barth angehört, hatte in einem zuvor eingebrachten Antrag große Teile einfach abgeschrieben – von einem Antrag der mecklenburg-vorpommerischen Linken von 2013 zur Hilfe für Opfer von häuslicher und sexualisierter Gewalt.

Obwohl so etwas nicht verboten ist, peinlich war es allemal.[92]

Das Wissenschaftszentrum Berlin für Sozialforschung (WZB) hat 2017 die parlamentarische Arbeit der AfD in den Landtagen untersucht, mit folgendem Ergebnis:

„Zwar werden Kleine Anfragen rege genutzt, weniger jedoch die komplexeren Instrumente wie Große Anfragen oder Anträge, für die eine höhere inhaltliche Kompetenz vonnöten wäre. Die schwach ausgebaute Kompetenz tritt auch in der Ausschussarbeit zutage, wenn etwa in Beratungen zur Haushaltsaufstellung, einem zentralen Recht des Parlaments, vertiefte Sachkenntnisse fehlen. So berichteten Gesprächspartner/innen aus dem Brandenburger Landtag, dass die Änderungsanträge der AfD-Fraktion in den Haushaltsberatungen auch nach über zweijähriger Praxis im Landtag zwar in hoher Anzahl gestellt würden, qualitativ aber weitgehend oberflächlich verblieben und kaum Lernprozesse zu erkennen seien (vgl. Interviews BB). Ebenso mangelt es weiterhin an Know-how in Bezug auf Verfahren. So kann es zwar als Anfängerfehler gewertet werden, wenn in Baden-Württemberg bei der Auswahl der Ausschussvorsitze die Entscheidung der AfD auf den Wahlprüfungsausschuss fällt – einen Ausschuss, der lediglich einmal nach der Wahl zusammentritt und somit von sehr begrenzter politischer Bedeutung ist. Andererseits wäre bei einer entsprechenden Professionalisierung eine solche Entscheidung nicht gefällt worden. Ein Kompetenzgefälle zwischen langjährigen Abgeordneten und Parlamentsneulingen bei Verfahrens- und Inhaltsfragen in der routinemäßigen Ausschussarbeit ist nachvollziehbar (vgl. Interview ST), sollte aber ein Anfangsphänomen darstellen. Wenn nach einer mehr als einjährigen Lernphase noch immer wichtige Fragerunden an die jeweilige Landesregierung ohne AfD-Beteiligung stattfinden, schlicht weil Fristen zur Einreichung der Fragen verpasst wurden (vgl. Interviews HH und BW), geht das über Anfängerprobleme hinaus. Selbst Parlamentarische Geschäftsführer der AfD, die aufgrund ihrer Aufgabenstellung ein besonderes Augenmerk für Verfahrensfragen sowie parlamentarische Abläufe entwickeln sollten, blieben in mehreren Fällen auch nach längerer Einarbeitungszeit in Detailfragen zur Geschäftsordnung in einem semiprofessionellen Lernmodus.“[93]

11.4. Besseres Regierungshandeln

Das Regierungshandeln in den drängendsten Bereichen (Verteidigung, Klima, Zuwanderung, Infrastruktur und Digitalisierung) konsequent angehen und die entsprechenden Entscheidungen stimmig begründen; Probleme nachhaltig lösen und Lösungen gut kommunizieren ist das beste Rezept gegen Populismus. Effizientes Regieren sollte für die Ampel Priorität haben.

Da das Flüchtlingsproblem die größte Verunsicherung der Bevölkerung bewirkt, muss hier konsequenter gehandelt werden. Im ersten Halbjahr 2023 haben mehr Asylantragsteller Österreich verlassen, als neue Asylanträge gestellt wurden, so die Halbjahresstatistik der Asylzahlen. 2023 (Januar-Juli) gingen beim BAMF in Deutschland 175.272 Erstanträge und 13.695 Folgeanträge auf Asyl ein (Stand: August 2023). Im Vergleich zum Vorjahreszeitraum ist die Zahl der Erstanträge um 78,1 % gestiegen. Ein Blick auf die Einwohnerzahlen zeigt jedoch: Pro Kopf wurden in Österreich mit rund 2600 mehr Anträge gestellt als in Deutschland mit 1900. Das österreichische Innenministerium führt den Rückgang auf 3 Maßnahmen zurück:

1. Konsequente Grenzkontrollen. Österreich unterstützt Ungarn, Serbien und Mazedonien beim Schutz ihrer Grenzen mittels Grenzpunktkontrollen. Auch mit internationalen Grenzraumkontrollen wie der Operation Fox in Ungarn werde Schlepperkriminalität und Asylmissbrauch vor der österreichischen Staatsgrenze bekämpft. Zudem bleiben die Grenzpunktkontrollen zu Ungarn und Slowenien aufrecht ebenso wie flexible Grenzraumkontrollen, etwa an der Grenze zur Slowakei oder Italien.
2. Mehr Schnell- und Eilverfahren, die nur 28 Tage bzw. 72 Stunden dauern. Das gilt v.a. für Asylantragsteller aus Ländern, die nicht als Länder eingestuft werden, aus denen eine Flucht gegeben ist, z.B. Indien.
3. Abschiebungen. „Durch konsequente Abschiebungen durchkreuzen wir das Geschäftsmodell der Schleppermafia und sichern das Asylsystem für jene, die es tatsächlich brauchen", so Innenminister Karner. „Ohne die Durchsetzung von rechtskräftigen Asylentscheidungen kann es kein glaubwürdiges Asylsystem geben."

Die Einheiten in Österreich haben Nachtsicht- und Wärmebildkameras. Darüber hinaus kommt ein hochmodernes Drohnensystem mit 300 Einheiten zum Einsatz. Zum Vergleich: Deutschland hatte 2021 nur zwei ältere Drohnenmodelle für den Grenzschutz. Moderne Technik kann helfen!

Die bedächtige Art des Bundeskanzlers ist ein Problem. Er besitzt kein Charisma und ist kein guter Selbstdarsteller, was eigentlich sympathisch ist. Aber in einer Mediengesellschaft muss jemand begeistern für neue Formen und Inhalte von Politik. Der Politikwissenschaftler Rudolf Korte formuliert:

„Ideen, Wertvorstellungen und Überzeugungen kommen in der Politik eine gestaltende Kraft zu. Mittlerweile ist in einigen Politikfeldern nachgewiesen worden, welche problemlösende Kraft den Ideen und eben nicht nur den Interessen in Verhandlungssituationen zukommt. Ideen reduzieren die Komplexität der gesellschaftlichen Wirklichkeit; das gilt auch für Entscheidungsfindungen in Verhandlungssituationen. Als ein weiteres Instrument des modernen Regierens können Präsident, Kanzler, Premier diesen Zugang nutzen: Sie können als personifizierte Ideenträger auftreten, als Verkörperung von Ideen und damit Prozesse der Entscheidungsfindung durch ihr Deutungsmuster beeinflussen.“ [94]

Wenn es der Kanzler nicht kann, dann ein/e Parteivorsitzende/r. Saskia Esken fällt mit erstaunlichen bis erschreckenden Kommentaren auf. Lars Klingbeil ist in der Bevölkerung beliebter, aber auch er tritt nicht als begeisterungsfähiger Parteivorsitzender für eine neue humane Gesellschaft in Erscheinung. Hier muss ein Ruck durch beide Parteivorsitzende gehen. Es bliebe noch der hochkompetente Chef des Bundeskanzleramtes, Wolfgang Schmidt, oder ein/e neuer Regierungssprecher/in mit Ausstrahlung.

11.5. Die Identitätsfrage offensiv angehen

„Das Umfeld, in dem man lebt, erscheint als ein Netz von Selbstverständlichkeiten, an denen man sich orientiert und die ein Gefühl von Vertrautheit schaffen. Obwohl sich moderne Gesellschaften gerade durch die Vielfalt der Lebensentwürfe, persönlichen Werthaltungen, Einstellungen und Meinungen auszeichnen, existiert dennoch auf kultureller Ebene eine gewisse Vorstellung von Gemeinsamkeiten in Bezug auf 'selbstverständliche' Prinzipien und Werte ... Schließlich können Verbundenheitsgefühle auf einer nicht weiter erklärbaren, affektiv-emotionalen Ebene entstehen. Zugehörigkeitsgefühle brauchen nicht zwingend 'gute Gründe' oder eine Idee von kultureller Gemeinsamkeit. Die deutschen Dichter und Denker bilden für viele eine Identitätsbrücke zur Geschichte der Nation. 46,3 % sehen hier starke bis sehr starke Anknüpfungspunkte für ihre deutsche Identität. Auch die Leistungen Deutschlands in Politik, Wirtschaft und Sport bilden wichtige Bezugspunkte. 44 % finden hier starke bis sehr starke Anknüpfungspunkte für eine positiv besetzte deutsche Identität. Im ländlichen Raum ist das Nationalgefühl der Deutschen am stärksten. Das vergleichsweise starke Nationalgefühl im ländlichen Raum geht in besonderem Maß mit Befürchtungen einher, dass das Deutsch-Sein durch die Zuwanderung erodiert. 62 % der in dörflichen Verhältnissen lebenden Deutschen befürchten eine Erosion des Deutsch-Seins aufgrund zunehmender Migration, während es in den Großstädten nur 48 % der Bevölkerung sind. In den kleinstädtisch geprägten Regionen und in den Großstädten existieren diese Befürchtungen ebenfalls, sie sind hier jedoch weniger intensiv ausgeprägt und treffen auf eine stärkere Gegenmeinung. Diese Furcht erklärt sich aus den Quellen der Verbundenheit: Im ländlichen Raum spielen die kognitiven Identitätsanker eine sehr viel geringere Rolle als in den urbaneren Regionen. Während nur 42 % der Landbewohner ihr Deutsch-Sein aus der Verlässlichkeit des deutschen Gemeinwesens speisen, erreichen hier die Bewohner mittelgroßer Städte einen Spitzenwert von 61 %. Für 70 % der Landbewohner beruht ihre starke Verbundenheit mit ihrer deutschen Identität hingegen auf Traditionen und Brauchtum, entsteht also eher auf emotionaler Ebene und vor allem aus kultureller Vertrautheit. In diesem Umfeld wird das Fremde und Unbekannte offensichtlich eher als Bedrohung empfunden."[95]

Politisch verfasste Gemeinschaften brauchen ein einigendes Band vor allem durch kollektive Identität. Ein solches „Wir-" und Zusammengehörigkeitsgefühl entsteht nicht zwangsläufig, sondern erst, nachdem ein Bedürfnis hierzu durch eine „funktionierende Geschichte" – die erklärt, warum man sich als Gemeinschaft empfinden soll – entwickelt wird.

Hier kommt der Erinnerungskultur eine bedeutende Rolle zu.

Ein wichtiges Element von Erinnerungskulturen sind politische Mythen, da sie als Sinngeneratoren für eine politisch verfasste Gemeinschaft wirken. Jede soziale Großgruppe besitzt ein Repertoire an politischen Mythen, das im Lauf der gesellschaftlich-politischen Veränderungen den Gegebenheiten entsprechend angepasst wird und je nach gesellschaftlicher Situation aktiviert werden kann. Dieses gilt auch für demokratisch verfasste Gesellschaften, sodass die häufig geäußerte Vorstellung, dass politische Mythen ein Charakteristikum lediglich nicht-demokratisch verfasster Gesellschaften seien, falsch ist. Wie im Folgenden gezeigt wird, sind „deutsche Mythen" konstitutiv für den „gesellschaftlichen Zusammenhalt" in Deutschland.

Auch die bundesdeutsche Gesellschaft schuf Mythen. Maßgeblich für ihr Selbstverständnis war vor allem der Mythos von der „Stunde Null", der über einen Neuanfang einer gereinigten Gesellschaft berichtete und bis heute das deutsche Selbstverständnis prägt: Dem Bombenkrieg, der bedingungslosen Kapitulation und der alliierten Besetzung kam dabei kathartische Wirkung zu. Als Gründungsmythos legitimierte er die Existenz der Bundesrepublik. Nach dem wirtschaftlichen Aufschwung wurde er durch denjenigen vom „Wirtschaftswunder" ergänzt, der die Gesellschaft darin bestätigte, auf dem richtigen Weg zu sein. Komplementär ist der Mythos „Vertreibung", der die Entwicklung der bundesdeutschen Erinnerungskultur bis in die Gegenwart beeinflusst.

Alte Mythen neu interpretieren? „Deutsche Mythen" entwickelten sich in Phasen, in denen die „Deutschen" Zäsuren zu bewältigen hatten und zu einer kohärenten Gemeinschaft integriert werden mussten. Sie sollten über ihre Ursprünge „aufklären" und so die jeweiligen nationalen Bestrebungen bzw. politischen Systeme rechtfertigen, aber zugleich gemeinsame Werte und Haltungen erzeugen. Aber wie auf der europäischen Ebene auch, wirkt heute keine „funktionierende Geschichte" in der deutschen Gesellschaft.

Eine „gründungsmythische Neufundierung der Republik", also die Legitimierung der Wiedervereinigung und die nachfolgenden Maßnahmen zur Integration der „neuen" Bundesländer durch eigene Mythen, unterblieb resp. ist gegenwärtig nicht zu erkennen. Der 9. November, der Tag des „Falls der Mauer", scheint dafür disqualifiziert, weil er auch der Jahrestag der Reichspogromnacht und des Hitler-Putschs 1923 ist. Ging das offizielle DDR-Mythenrepertoire mit dem Staat unter, existieren durchaus noch Relikte im kollektiven Gedächtnis der Bevölkerung. Dagegen verloren die „Bonner" Mythen durch die politische Entwicklung und die Ablösung des Symbols des „Wirtschaftswunders" durch den Euro immer mehr Verankerung im kollektiven Gedächtnis. Die gegenwärtige Gesellschaft ist also lediglich mit einem spärlichen, erodierenden Mythenrepertoire ausgestattet, das auf die „alten" Mythen des geteilten Deutschlands rekurriert und nicht die gegenwärtigen gesellschaftlichen Bedingungen berücksichtigt. Stattdessen haben (vorübergehend) Schlagzeilen wie „Wir sind Papst" zumindest zeitweise identitätsstiftende Funktionen. Dass sie in zukünftigen gesellschaftlichen Krisen- und Umbruchsituationen die Sinngebungs- und Orientierungsfunktion „deutscher Mythen" auffangen können, ist zweifelhaft – wahrscheinlicher ist, dass in solchen Phasen alte Mythen neu interpretiert werden.[96]

Denn Menschen definieren sich überwiegend über ihre Herkunft, über ihre Abstammung und verschiedene Formen der Überlieferung.

Man kann das kritisieren. Doch die Alternative wäre ein abstraktes, unhistorisches Verständnis menschlicher Existenz. Wir leben in keinem leeren Raum. Wir alle sind in eine Kulturtradition gestellt, ob wir wollen oder nicht. Wir können diese Tradition für uns persönlich ablehnen und versuchen, eigene, neue Wege zu gehen. Das ändert jedoch nichts daran, dass wir uns zu unserer eigenen Geschichtlichkeit verhalten müssen. Und diese Geschichtlichkeit bindet uns an ein Kultur- und Erfahrungskollektiv.

Die deutsche Geschichte des 20. Jahrhunderts macht es verständlich, dass in Deutschland immer wieder versucht wird, sich ein ahistorisches, übernationales Selbstverständnis zu basteln, das auf zeitlosen universalen Werten gründen soll. Doch Geschichte lässt sich nicht leugnen.

„Nationale Selbstbilder unterliegen historischen Wandlungen. Das macht sie nicht wertlos, sondern lediglich dynamisch. Sie verhindern, dass Nationen zum Monument ihrer selbst erstarren und damit ihre Zukunftsfähigkeit verlieren. Die naive Vorstellung hingegen, Gesellschaften könnten ihr Selbstbild allein auf (angeblich) universale Werte, auf Vielfalt und Toleranz gründen, ist nicht nur ahistorisch und wirklichkeitsfremd. Sie verbarrikadiert eine Gesellschaft geradezu in einen geschichtslosen Raum, der sie unbeweglich und dogmatisch macht.“[97]

Warum also nicht die von mir in Kapitel 4.11. genannten Leistungen der deutschen Bevölkerung nach dem Unrecht des Weltkriegs und des Holocausts offensiv vertreten. Wir sind uns unserer historischen Schuld bewusst; gerade deshalb achten wir die Menschenrechte und stehen zur Staatsform der Demokratie, in der es immer Streit geben wird um den richtigen Weg im Einzelnen, aber diese streitbare Auseinandersetzung führt zum Ausgleich unterschiedlicher Interessen. Wir wollen Vorbild bleiben und unsere humane Gesellschaft weiter ausbauen. Dabei werden wir unsere kulturellen Eigenarten und Brauchtümer erhalten, wie wir es auch jetzt tun, wenn ich an die vielen Oktoberfeste denken, die landauf landab gefeiert werden, oder an Sitten und Gebräuche zwischen den Meeren.

Keine falsche Bescheidenheit: Bei uns leben mehr Menschen auf Augenhöhe als in den meisten Ländern. Darauf sind wir stolz und wollen nicht wieder zu Höllenkindern der Moral herabsinken wie im Nationalsozialismus.

Literatur

Begrich, David (2016): Die Ebene der moralischen Empörung verlassen. Die völkisch-nationalistischen Inhalte der AfD sind in Ost- und Westdeutschland gleichermaßen, aber auf unterschiedliche Weise erfolgreich. In: Was tun gegen die AfD? Zehn Vorschläge, wie der rechte Vormarsch gestoppt werden könnte; analyse & kritik, Sonderbeilage Winter 2016/17

Bender, Justus (2017): Was will die AfD? Eine Partei verändert Deutschland; Pantheon Vlg. München

Bensmann, Marcus (2017): Die Geschichte der AfD. In: AfD Fakten Figuren Hintergründe; Correctiv.org, Bücher für die Gesellschaft, Essen/Berlin

Brunnhuber, Stefan (2019): Die Offene Gesellschaft. Ein Plädoyer für Freiheit und Ordnung im 21. Jahrhundert; oekom München

Bucholz, Richard (2018): AfD die kommende Volkspartei. Die wahren Ursachen für den Erfolg der AfD von heute und morgen

Butterwegge, Christoph. In: Dietl, Stefan (2018): Die AfD und die soziale Frage. Zwischen Marktradikalismus und „völkischem Antikapitalismus"; UNRAST-Verlag Münster

Gazdar, Kaevan (2010): Zwischen Dichtern und Denkern, Richtern und Henkern. Auf der Suche nach deutscher Identität; Olzog Verlag München

Gründer, Horst (1999): „Neger, Kanaken und Chinesen zu nützlichen Menschen erziehen." Ideologie und Praxis des deutschen Kolonialismus. In: Beck, Thomas et al. (Hg.): Überseegeschichte. F. Steiner, Stuttgart

Felder, Ekkehard: ANMASSUNG IN DER POLITISCHEN SPRACHE – NICHT NUR EIN MERKMAL SOGENANNTER POPULISTEN. In: IDS Sprachreport 2/2017

Friedrich, Sebastian (2019): Die AfD. Analysen, Hintergründe, Kontroversen, Bertz+Fischer GbR Berlin

Habermas, Jürgen (1998): Die postnationale Konstellation und die Zukunft der Demokratie. Zitat aus einer Rede von Habermas am 5.6.1998 vor dem „Kulturforum der Sozialdemokratie" in Berlin

König, Helmut (2017): Statt einer Einleitung. In: W. Brömmel/H. König/M. Sicking (Hg.): Populismus und Extremismus in Europa; Transcript Verlag Bielefeld

Koziol, Klaus (2017): Die Erzählung vom besseren Leben gegen die Logik der digitalen Welt; kopaed München

Meyer, Hubert/Ritgken, Klaus/ Schäfer, Roland(Hg.): Handbuch Flüchtlingsrecht und Integration; Wiesbaden 2/2018 (Kommunal- und Schulbuchverlag)

Müller, Jan-Werner (2016): Der Triumpf des Populismus. In: Blätter für deutsche und internationale Politik 4/2016

Müller, Klaus-Dieter (2023): Schwarzbuch CDU/CSU, Verlag Neues Wissen Berlin

Röther, Christian (2017): Wenn die Wahrheit Kopf steht. Die Islamfeindlichkeit von AfD, Pegida & Co.; Gütersloher Verlagshaus

Schmidt-Salomon, Michael (2012): Keine Macht den Doofen; Piper, München/Berlin/Zürich

Schroeder, Wolfgang/Weßels, Bernhard/Neusser, Christian und Berzel, Alexander (2017): Parlamentarische Praxis der AfD in deutschen Landesparlamenten; Discussion Paper SP V 2017-102, Wissenschaftszentrum Berlin für Sozialforschung (WZB), Forschungsschwerpunkt Wandel politischer Systeme, Forschungsabteilung Demokratie und Demokrat

Stepanek, Fabian (2017): Wo die AfD recht hat ... und warum sie trotzdem Brandstifter sind; Gemini Verlag Berlin

Weidel, Alice: Rede am 16.5.2018 im Deutschen Bundestag; Plenarprotokoll 19/32

Ich verwende des Weiteren eine Fülle von Internetquellen, die ich nicht alle im Einzelnen auflisten möchte. Informationen habe ich vor allem auf den Seiten www.afd.de und www.afdbundestag.de, www.europarl.europa.eu, aber auch auf den Seiten der Bundeszentrale für Politische Bildung (www.bpd.de) bekommen. Die wichtigsten Tageszeitungen und Magazine sind ebenso hilfreich: www.cicero.de, www.handelsblatt.com, www.faz.net, www.tagesspiegel.de, www.focus.de, www.welt.de und www.zeit.de. Offizielle Stellen und Forschungseinrichtungen ergänzen das Spektrum: www.mittelstandsbund.de, www.verfassungsschutz.de, www.forschung-und-lehre.de und www.uni-salzburg.at.

Anmerkungen

1 Müller, Klaus-Dieter (2023): Schwarzbuch CDU/CSU; Verlag Neues Wissen Berlin, S. 22
2 https://www.progressives-zentrum.org/was-gegen-die-afd-hilft/
3 https://www.bpb.de/themen/parteien/parteien-in-deutschland/afd/273130/etappen-der-parteigeschichte-der-afd/
4 https://www.zeit.de/news/2019-07/11/sarrazin-haeufig-provokant-zitate-des-spd-politikers
5 Bensmann, Marcus (2017): Die Geschichte der AfD in: AfD Fakten Figuren Hintergründe; Correctiv.org, Bücher für die Gesellschaft, Essen Berlin, S. 19
6 https://www.welt.de/politik/deutschland/article163930474/Wofuer-steht-Alice-Weidel.html
7 https://netzpolitik.org/2019/wir-veroeffentlichen-das-verfassungsschutz-gutachten-zur-afd/#2019-01-15_BfV-AfD-Gutachten_C-I-2
8 Auszüge aus dem AfD-Europawahlprogramm: https://www.europawahl-bw.de/europawahlprogramm-afd
9 Auszüge aus dem AfD-Grundsatzprogramm 2016: https://www.afd.de/wp-content/uploads/2016/03/Leitantrag-Grundsatzprogramm-AfD.pdf
10 https://afd-thl.de/politik/politikfelder/migration-asyl/
11 https://www.welt.de/politik/deutschland/article151685758/Von-Storch-bejaht-Waffengebrauch-auch-gegenueber-Kindern.html
12 https://doku.iab.de/stellungnahme/2019/sn0319.pdf
13 Bundesagentur für Arbeit 2023: https://mediendienst-integration.de/migration/flucht-asyl/arbeit-und-bildung.html
14 Statistisches Bundesamt: https://mediendienst-integration.de/integration/arbeitsmarkt.html
15 Bundeskriminalamt: file:///C:/Users/medie/Downloads/kernaussagenKriminalitaet Zuwanderung2022.pdf
16 Röther, Christian (2017): Wenn die Wahrheit Kopf steht. Die Islamfeindlichkeit von AfD, Pegida & Co.; Gütersloher Verlagshaus, S. 82
17 Alle hier verwendeten Zitate sind entnommen aus: https://netzpolitik.org/2019/wir-veroeffentlichen-das-verfassungsschutz-gutachten-zur-afd/#2019-01-15_BfV-AfD-Gutachten_C-I-2 mit Einzelnachweise, wann und wo die Äußerungen gefallen sind
18 https://www.deutsche-islam-konferenz.de/SharedDocs/Anlagen/DE/Ergebnisse-Empfehlungen/MLD-Zusammenfassung.pdf?__blob=publicationFile&v=6
19 https://www.verfassungsschutz.de/DE/themen/islamismus-und-islamistischer-terrorismus/-zahlen-und-fakten/zahlen-und-fakten_node.html
20 https://www.verfassungsschutz.de/SharedDocs/publikationen/DE/verfassungsschutzberichte/2023-06-20-verfassungsschutzbericht-2022.pdf?__blob=publicationFile&v=7, S. 194
21 https://www.verfassungsschutz.de/SharedDocs/publikationen/DE/verfassungsschutzberichte/2023-06-20-verfassungsschutzbericht-2022.pdf?__blob=publicationFile&v=7
22 https://www.belltower.news/rechte-praxis-und-strategiedebatten-multikulti-von-rechts-148487/
23 https://www.geo.de/natur/nachhaltigkeit/forschung-einig--menschengemachter-klimawandel-ist-ein-faktum-30847828.html
24 https://www.boeckler.de/de/boeckler-impuls-wie-sind-die-vermoegen-in-deutschland-verteilt-3579.htm
25 https://www.zeit.de/wirtschaft/2021-11/erbschaftssteuer-superreiche-schenkungssteuer-erben-verfassung
26 Dietl, Stefan (2018): Die AfD und die soziale Frage. Zwischen Marktradikalismus und „völkischem Antikapitalismus"; UNRAST-Verlag Münster, S. 65
27 file:///C:/Users/medie/OneDrive/Dokumente/AfD_Otto-Brenner-Stiftung.pdf
28 https://www.otto-brenner-stiftung.de/sie-moechten/presseinfos-abrufen/detail/news/-wirtschafts-und-sozialpolitik-der-afd/news-a/show/news-c/NewsItem/
29 Butterwegge, Christoph. In: Dietl, Stefan (2018): Die AfD und die soziale Frage. Zwischen Marktradikalismus und „völkischem Antikapitalismus"; UNRAST-Verlag Münster, S. 51
30 https://www.marktundmittelstand.de/debatte/wirtschaft-gegen-afd

31 https://www.handelsblatt.com/meinung/gastbeitraege/gastkommentar-eine-starke-afd-ist-fuer-uns-unternehmer-gefaehrlich-/29248914.html
32 https://bap.navigator.gmx.net/mail?sid=ab46694bc4b8ceb625145493b45e36473e91914e6ca6e699758c48f75b1da085036a6e033410d131748926eb39ebb003
33 So auch: https://www.tagesschau.de/inland/afd-eu-100.html
34 https://www.zdf.de/nachrichten/politik/afd-praeambel-eu-wahlprogramm-europawahl-100.html
35 https://www.tagesschau.de/wirtschaft/brexit-dihk-folgen-wirtschaft-101.html
36 Aus dem AfD-Wahlprogramm zur Bundestagswahl 2017: Programm für Deutschland; 23.4.2017
37 https://www.mittelstandsbund.de/politik/wahlen/bundestagswahl-2017/bildung-im-bundestagswahlkampf-2017/afd-zum-thema-bildung/
38 https://asta.tu-berlin.de/artikel/bildungspolitik-aus-den-50ern-analyse-zum-bildungspolitischen-programm-der-afd/
39 https://correctiv.org/aktuelles/neue-rechte/2017/04/18/die-afd-sagt-dass-der-oeffentlich-rechtliche-rundfunk-die-meinungsfreiheit-bedrohe-stimmt-das/
40 https://www.mdr.de/nachrichten/deutschland/politik/recap-afd-social-media-tiktok-erfolg-ostdeutschland-102.html
41 https://interaktiv.tagesspiegel.de/lab/der-genderwahn-der-afd/
42 https://www.afd.de/aussenpolitik_sicherheit/
43 https://www.europawahl-bw.de/vgl-aussenpolitik-19
44 https://www.tagesspiegel.de/politik/ich-habe-versucht-den-aussenpolitischen-kurs-der-afd-zu-verstehen--es-war-verstorend-6881434.html
45 https://www.faz.net/aktuell/politik/harte-bretter/programm-der-afd-und-die-deutsche-identitaet-14262312.html
46 https://taz.de/Wer-ihr-seid--und-wer-es-euch-sagt/!5391414/
47 https://www.deutschlandfunk.de/was-ist-deutsch-auf-der-suche-nach-unserer-identitaet-100.html
48 Höcke in einer Rede im Januar 2017 in Dresden
49 § 7 Grundgesetz der reinen praktischen Vernunft in der Kritik der praktischen Vernunft, S. 36
50 Habermas, Jürgen (1998): Die postnationale Konstellation und die Zukunft der Demokratie. Zitat aus einer Rede, die Habermas am 5. Juni 1998 vor dem „Kulturforum der Sozialdemokratie" in Berlin gehalten hat; https://library.fes.de/pdf-files/akademie/online/50332.pdf
51 Gazdar, Kaevan (2010): Zwischen Dichtern und Denkern, Richtern und Henkern. Auf der Suche nach deutscher Identität; Olzog Verlag München, S. 232
52 König, Helmut (2017): Statt einer Einleitung. In: Brömmel, Winfried/König, Helmut/Sicking, Manfred (Hg.): Populismus und Extremismus in Europa. Gesellschaftswissenschaftliche und sozialpsychologische Perspektiven; Transcript Verlag Bielefeld, S. 11- 42, S. 26
53 https://www.faz.net/aktuell/politik/harte-bretter/programm-der-afd-und-die-deutsche-identitaet-14262312.html
54 Gründer, Horst (1999): „Neger, Kanaken und Chinesen zu nützlichen Menschen erziehen." Ideologie und Praxis des deutschen Kolonialismus. In: Beck, Thomas et al. (Hg.): Überseegeschichte. F. Steiner, Stuttgart, S. 254 f.
55 Bender, Justus (2017): Was will die AfD? Eine Partei verändert Deutschland, Pantheon Vlg. München
56 https://moritz-kirchner.de/zum-umgang-mit-narzissmus-in-der-politik/
57 https://www.deutschlandfunk.de/narzissten-in-der-politik-diesem-typus-von-politiker-geht-100.html
58 Felder, Ekkehard: ANMASSUNG IN DER POLITISCHEN SPRACHE – NICHT NUR EIN MERKMAL SOGENANNTER POPULISTEN. In: IDS Sprachreport 2/2017
59 https://eplus.uni-salzburg.at/JKM/content/titleinfo/4382641/full.pd
60 https://www.zdf.de/nachrichten/politik/afd-chrupalla-zdf-sommerinterview-100.html
61 https://www.iwkoeln.de/studien/alexander-burstedde-gero-kunath-dirk-werner-fachkraeftemangel-trotz-arbeitslosigkeit-kein-widerspruch.html
62 file:///C:/Users/medie/Downloads/arbeitsmarktaktuell-05-11-Fachkraeftemangel.pdf
63 https://www.spiegel.de/wirtschaft/soziales/afd-was-alice-weidel-mit-wirtschaftsliberal-meint-a-1144638.html
64 Weidel, Alice: Rede am 16.5.2018 im Deutschen Bundestag; Plenarprotokoll 19/32 http://dipbt.bundestag.de/dip21/btp/19/19032.pdf S. 2972 (D),

WELT: https://www.welt.de/politik/deutschland/article176402564/Kopftuchmaedchen-Weidel-will-sich-gegen-Schaeubles-Tadel-wehren.html Weidel will sich gegen Schäubles Tadel wehren
65 https://correctiv.org/faktencheck/artikel-faktencheck/2017/09/11/alice-weidel-und-ihre-rassistische-mail/
66 https://www.stern.de/politik/deutschland/die-afd-vorstaende--ihre-skandale--beschimpfungen-und--ausrutscher-_9031530-9031516.html
67 https://www.spiegel.de/politik/deutschland/mariana-harder-kuehnel-afd-ablehnung-verstaendlich-aber-unklug-a-1261332.html
68 https://www.mariana-harder-kuehnel.de/issue/familie-bevoelkerung/
69 Mariana Harder-Kühnel, 19.11.2022, https://www.mariana-harder-kuehnel.de/
70 https://afdbundestag.de/mariana-harder-kuehnel-auch-paus-wird-linke-ideologie-vor-echte-familienpolitik-stellen/
71 https://de.openparliament.tv/media/DE-0190195029?personID=Q40472081
72 https://www.politik-kommunikation.de/politik/schweigen-in-der-schillstrasse/
73 https://www.bpb.de/themen/rechtsextremismus/dossier-rechtsextremismus/500821/wiking-jugend/
74 https://www.stern.de/politik/deutschland/die-afd-vorstaende--ihre-skandale--beschimpfungen-und--ausrutscher-_9031558-9031516.html
75 https://www.thueringer-landtag.de/abgeordnete/abgeordnete-fraktionen-sitzordnung/-abgeordnetendetails/abgeordneter/bjoern-hoecke/
76 https://www.spiegel.de/politik/deutschland/afd-bjoern-hoecke-entsetzt-mit-aeusserungen-zu-schuelern-mit-behinderungen-a-3f3f98b3-59f5-4e73-97af-67104fe24f9d
77 https://www.gmx.net/magazine/politik/behindertenvereine
78 ebd.
79 https://www.mdr.de/nachrichten/thueringen/sommerinterview-bjoern-hoecke-108.html
80 https://bib-voebb.genios.de/document/BADZ__51262195237
81 https://www.europarl.europa.eu/meps/de/197481/MAXIMILIAN_KRAH/home#detailedcardmep
82 https://www.forschung-und-lehre.de/zeitfragen/sind-eliten-ein-teil-des-problems-679
83 König, Helmut (2017): Statt einer Einleitung. In: W. Brömmel/H. König/M. Sicking (Hg.): Populismus und Extremismus in Europa. Trancript Verlag Bielefeld, S. 39
84 Müller, Jan Werner (2016): Der Triumpf des Populismus. In: Blätter für deutsche und internationale Politik, 4/2016, S. 65 f.
85 Vergleiche die Beiträge in: Meyer, Hubert/Ritgken, Klaus/Schäfer, Roland (Hg.): Handbuch Flüchtlingsrecht und Integration; Kommunal- und Schulbuchverlag Wiesbaden 2018
86 K. Koziol: Die Erzählung vom besseren Leben gegen die Logik der digitalen Welt; kopaed München
87 Brunnhuber, Stefan (2019): Die Offene Gesellschaft. Ein Plädoyer für Freiheit und Ordnung im 21. Jahrhundert; oekom München, S. 25 f.
88 https://www.focus.de/magazin/archiv/psychologie-politiker-ignorieren-wie-der-mensch-tickt-id 13273087.html
89 Schmidt-Salomon, Michael (2012): Keine Macht den Doofen, Piper München/Berlin/Zürich, S.110f.
90 Begrich, David (2016): Die Ebene der moralischen Empörung verlassen. Die völkisch-nationalistischen Inhalte der AfD sind in Ost- und Westdeutschland gleichermaßen, aber auf unterschiedliche Weise erfolgreich. In: Was tun gegen die AfD? Zehn Vorschläge, wie der rechte Vormarsch gestoppt werden könnte; analyse & kritik, Sonderbeilage Winter 2016/17
91 file:///C:/Users/medie/Downloads/Broschüre Bildungsbausteine Rechstspopulismus.pdf
92 https://www.welt.de/politik/deutschland/article152546427/Parlamentarische-Leistung-der-AfD-Unterdurchschnittlich.html
93 Schroeder, Wolfgang/B. Weßels/C. Neusser/A. Berzel (2017): Parlamentarische Praxis der AfD in deutschen Landesparlamenten; Discussion Paper SP V 2017-102, Wissenschaftszentrum Berlin für Sozialforschung (WZB), Forschungsschwerpunkt Wandel politischer Systeme
94 https://www.bpb.de/medien/26491/0CFO25.pdf
95 https://www.bpb.de/shop/zeitschriften/apuz/156879/auszug-deutsche-identitaet/
96 https://www.bpb.de/shop/zeitschriften/apuz/156772/deutsche-mythen-und-ihre-wirkung/
97 https://www.cicero.de/kultur/migrationskrise-und-identitaet-was-ist-deutsch-und-wenn-ja-wie-viele